Detlef Horster **Sozialphilosophie**

Die Sozialphilosophie hat sich entfaltet, indem sie die Evolution der Gesellschaft und das Verhältnis von Individuum und Gemeinschaft zum zentralen Thema machte. Die Geschichte der Sozialphilosophie vollzieht sich vornehmlich in den Theorien von Hobbes, Locke, Rousseau, Kant, Comte, Marx, Spencer, Weber, Dilthey, Durkheim, Parsons, Adorno, Horkheimer, Habermas, Apel und Luhmann. Am Ende dieser Entwicklung entstanden zwei große Theorienstränge: Die Handlungstheorie, die davon ausgeht, dass die gesellschaftliche Entwicklung durch menschliches Handeln beeinflusst wird und die Systemtheorie, die von nicht beeinflussbaren gesetzmäßigen Bewegungsmechanismen ausgeht.

Detlef Horster ist Professor für Sozialphilosophie an der Universität Hannover.
Buchpublikationen u. a.: *Postchristliche Moral. Eine sozialphilosophische Begründung*, 1999; *Was soll ich tun? Moral im 21. Jahrhundert*, 2004.

Grundwissen Philosophie

Sozialphilosophie

von

Detlef Horster

RECLAM
LEIPZIG

Besuchen Sie uns im Internet:
www.reclam.de

Reclam Bibliothek Leipzig, Band 20118
1. Auflage, 2005
Reihengestaltung Grundwissen Philosophie: Gabriele Burde
Foto auf der Umschlagrückseite © privat
Gesetzt aus ITC Slimbach
Satz: Reclam Verlag Leipzig
Druck und Bindung: Reclam, Ditzingen
Printed in Germany
ISBN 3-379-20118-9

Inhalt

Vorwort 7

1. Zur Reflexionsproblematik der Sozialwissenschaften 9

2. Die Entstehung der Geistes- und Sozialwissenschaften: Erklären und Verstehen 14

   Auguste Comte 14
   Herbert Spencer 20
   Exkurs: Ernst Cassirer 26
   Wilhelm Dilthey 32
   Max Weber 42
   Karl-Otto Apel 44

3. Zum Verhältnis von Soziologie und Sozialphilosophie 48

4. Handlungs- und Systemtheorie 56

   Karl Marx 56
   Max Weber 68
   Jürgen Habermas 71
   Niklas Luhmann 77

5. Das Verhältnis von Individuum und Gesellschaft 86

   Thomas Hobbes 87
   John Locke 93
   Jean-Jacques Rousseau 95
   Immanuel Kant 98
   Émile Durkheim 108
   Talcott Parsons 113
   Jürgen Habermas 121
   Niklas Luhmann 128

6. Resümierende Bewertung 134

Zu den Analysen des Geschichtsverlaufs 134
Zur Frage des Sinnverstehens 137

Anmerkungen 141
Zitierte Literatur 143
Kommentierte Bibliographie 151
Schlüsselbegriffe 155
Zeittafel 158

Vorwort

Das vorliegende Buch thematisiert meine eigene Profession. Ich verfolge schon lange die Absicht, eine Einführung in die Sozialphilosophie zu schreiben, und habe im Laufe von zwanzig Jahren Aufzeichnungen dazu gemacht. Dementsprechend verbinden sich mit einzelnen Abschnitten Erinnerungen an verschiedene Anlässe und Begebenheiten. Schon ganz früh ist das Marx-Kapitel aus meiner Habilitationsschrift entstanden. Etwas später, Anfang der Achtzigerjahre, das Kapitel über Karl-Otto Apel. In diese Zeit reicht auch die Beschäftigung mit Dilthey, Weber und von Wright zurück. Die Klassiker Hobbes, Locke, Rousseau, Kant und Durkheim habe ich in den nachfolgenden Jahren oft in Lehrveranstaltungen behandelt. Die Exzerpte waren die Grundlage für die Kapitel in diesem Buch. Mit Jürgen Habermas und Niklas Luhmann habe ich mich während der Zeit meiner Hochschullehrertätigkeit durchgängig befasst; mit Parsons und Spencer erst Ende der Neunzigerjahre. Einige Vorarbeiten zum Thema Sozialphilosophie habe ich bereits publiziert. (Vgl. Horster 1998, 368 ff. und Horster 1999, 44 ff.) Der Begriff Sozialphilosophie - habe ich dort geschrieben - wird uneinheitlich verwendet. Mindestens sieben verschiedene Bestimmungsweisen habe ich angeführt. Zum einen wird Sozialphilosophie als umgreifende Klammer für die praktischen Teildisziplinen der Philosophie verstanden. Zweitens wird ihr die Funktion zugeschrieben, die deskriptiv verfahrende Soziologie normativ zu ergänzen. Drittens wird sie als Disziplin verstanden, Zeitdiagnosen zu geben. In der angelsächsischen Tradition wird sie - viertens - oft als das deklariert, was wir politische Philosophie nennen. Fünftens ist sie als ein Verfahren aufgefasst worden, in dem die sozialen Pathologien erörtert werden. (Vgl. Honneth 1994a, 9 f.) Max Horkheimer, der die zweite Bestimmung vertrat, sah außerdem ein dialektisches Verhältnis zwischen philosophischer Theorie und sozialwissenschaftlicher Praxis und nannte das - die sechste Bestimmung - Sozialphilosophie. (Vgl. Horkheimer 1988, 29) Man kann sie, siebentens, verstehen als eine Disziplin, die das Verhältnis von Individuum und Gesellschaft und die sich daraus ergebenden Probleme aufgreift; wobei der Maßstab dafür, was ein Problem ist, die gesamtgesellschaftliche Ordnung ist. Hierin sind andere Bestimmungen - wie man leicht sehen kann - enthalten, z. B. die zweite, dritte und fünfte. Normativität wird - in Anlehnung an Niklas Luhmanns Systemtheorie - in dieser siebenten Bestimmung verstanden als Funktionalität und nicht als philosophische Belehrung über die Richtigkeit von sozialen Verhältnissen. Das in der siebenten Bestimmung Enthaltene ist auch zentrales Thema des vorliegenden Buches, wie man dem Inhaltsverzeichnis leicht entnehmen kann.

Der wichtigste Anlass, auf der Basis meiner Unterlagen ein Manuskript zu erstellen, war meine einjährige Gastprofessur an der Universität Zürich. Im Institut für Sonderpädagogik hatte ich Soziologie zu vertreten. Für die Lehrveranstaltungen dort habe ich Struktur in meine Aufzeichnungen gebracht. Besonderer Dank gilt den Teilnehmerinnen meines Doktorandenkolloquiums, den Studentinnen und Studenten der Lehrveranstaltungen, die ich zur Hermeneutik sowie zur Handlungs- und Systemtheorie durchgeführt habe, für die kritischen Einwürfe und Diskussionen, namentlich Francisca Eugster Büsch, Franziska Felder, Sara Heer, Dorothea Lage und Judith Ruben.

1. Zur Reflexionsproblematik der Sozialwissenschaften

»Wenn die Philosophie ihr Grau in Grau malt, dann ist eine Gestalt des Lebens alt geworden, und mit Grau in Grau läßt sie sich nicht verjüngen, sondern nur erkennen; die Eule der Minerva beginnt erst mit der einbrechenden Dämmerung ihren Flug.« (Hegel 1970, 28) Dieses wohl bekannte Zitat stelle ich an den Anfang meiner Monographie zur Sozialphilosophie, um Folgendes zu zeigen: 1821 noch fühlte sich einer der bedeutendsten Philosophen inkompetent, über Fragen der Zeit zu urteilen. Die Philosophie komme dafür zu spät, sagte Hegel. Erst wenn alles fertig und überdies noch alt geworden sei, beginne der Philosoph seinen Erkenntnisprozess, der allerdings - wie die Eulen-Metapher suggeriert - ein Prozess des scharfen Hinschauens sei. Das wurde noch vor der Geburtsstunde der Sozialphilosophie gesagt und erregte zu dieser Zeit keineswegs die Gemüter.[1] Heute ist das anders. Wir spüren das Bestreben, mehr über unsere Gesellschaft, über die Methode ihrer Erkenntnis zu wissen - oft um des gestalterischen Eingriffs willen. Vittorio Hösle konstatiert, dass sich gegenwärtige Gesellschaften von früheren dadurch unterscheiden, dass sie über einen erhöhten Grad von Reflexivität verfügen. (Vgl. Hösle 1999, 125) Selbstverständlich hatten aber auch die Menschen in vormodernen Gesellschaften ein Bild von ihrer Sozietät; dementsprechend stellte Max Weber fest, dass »der ›Wilde‹ [...] von den ökonomischen und sozialen Bedingungen seiner eigenen Existenz unendlich viel mehr [wusste] als der im üblichen Sinn ›Zivilisierte‹«. Der Zivilisierte glaube lediglich daran, dass er Phänomene wie »Trambahn oder Lift oder Geld oder Gericht oder Militär oder Medizin« besser durchblicke als der Wilde seinen Zauberer, weil alles rationaler und kalkulierbarer sei. Er *könne* bei erhöhter Anstrengung dennoch mehr sehen als der Wilde und mit den ihn umgebenden Gegenständen kalkulieren und sein Handeln daran orientieren. (Weber 1922, 449) Hierzu befähige ihn die wissenschaftliche Zugangsweise, wie es Hösle ausdrückt. Darin unterscheide sich der moderne Soziologe vom vormodernen Menschen. (Vgl. Hösle 1999, 125) Unter »wissenschaftlicher Zugangsweise« versteht Hösle zum einen das methodische Vorgehen und zum anderen die Fähigkeit des Wissenschaftlers, zu seinem Gegenstand, das ist die Gesellschaft, in der er selbst lebt, distanziert Stellung zu nehmen. (Vgl. Hösle 1999, 136)

Der moderne Soziologe entdecke auch Entwicklungsgesetze. (Vgl. Hösle 1999, 137) Der Erste, der dies in prononcierter Weise tat, war Auguste Comte, wie wir weiter unten sehen werden. Außerdem benutzten späterhin die Soziologen, etwa seit Durkheim, statistische Methoden. (Vgl. Hösle 1999, 153) Das gilt in gleicher Weise für die Philosophie, wie Ernst Tugendhat und Günter Patzig erklären. Beide halten die Zusammenarbeit von Philosophie und empirischer Sozialforschung, besonders im Bereich der Moralphilosophie, für unumgänglich. (Vgl. Patzig 1980, 98; Tugendhat 1986)

Vittorio Hösle weist uns richtigerweise darauf hin, dass die Naturwissenschaften und die Mathematik ihrer Geschichte nachspüren, nicht aber die Sozial- und Geisteswissenschaften. (Vgl. Hösle 1999, 126) An dieser Stelle muss man hinzufügen, dass sie sich erst später entwickelten als die Naturwissenschaften. »Das große Erwachen bzw. die große Revolution in den Naturwissenschaften z. Z. der Spätrenaissance und des Barock fand in der systematischen Erforschung des Menschen, seiner Geschichte, seiner Sprachen, Sitten und sozialen Institutionen eine gewisse Parallele im neunzehnten Jahrhundert.« (Wright 1974, 17) In diese Zeit erst fiel die Geburtsstunde der Geistes- und Sozialwissenschaften.

Betrachtet man die Sozialphilosophie historisch, so kann man eine Entwicklung zur deskriptiven Sozialwissenschaft und eine Befreiung von Normativität beobachten. Man kann in dieser Hinsicht grob skizziert einen Entwicklungsstrang von Comte bis Luhmann, mit Zwischenstationen bei Marx, Durkheim, Weber und Pareto, sehen. Seit Comte befreit sich die Sozialwissenschaft immer mehr von der Metaphysik. (Vgl. Negt 1974, 21-28) Dort beginnt bereits - wenn man so will - nachmetaphysisches Denken. Erst Habermas' Sozialphilosophie ist wieder normativ. Luhmanns Theorie ist die - von heute aus gesehen - endgültige Konsequenz der Wertfreiheit einer Sozialwissenschaft und Habermas' Sozialphilosophie der Versuch, diese Wertfreiheit zu überwinden. (Vgl. Hösle 1999, 129f.) Noch mehr: Comte war von den Naturwissenschaften fasziniert. Die Naturwissenschaftler könnten Gesetze erkennen, sich nach ihnen richten, sie aber nicht verändern. Aufgrund seiner Orientierung an den Naturwissenschaften, die man Monismus oder Positivismus nannte (vgl. Wright 1974, 18), war Comte von einem gesetzmäßigen Ablauf gesellschaftlicher Entwicklung überzeugt, der nicht zu beeinflussen sei. Marx bedrückte das Elend der arbeitenden Klasse in England, das Engels schilderte, so sehr, dass er von der Notwendigkeit eines Eingriffs überzeugt sein musste. Seine eigenen Untersuchungen am Ende des dritten Bandes vom *Kapital* führten allerdings dazu, dass er ähnlich wie Max Weber den Eindruck von einem »ehernen Gehäuse« gewann, aus dem man nicht entfliehen konnte. Herbert Spencer war vom Parallelismus von Natur- und Geisteswissenschaft überzeugt, sodass ihm jeder politische Eingriff nutzlos erschien. Auch Max Weber betonte vor dem Hintergrund der langen vergeblichen Bemühungen der Arbeiterbewegung die Aussichtslosigkeit solcher Kämpfe. Habermas und Luhmann waren selbst nicht mehr so sehr in die Ereignisse verstrickt, verfügten über eine größere Distanz und konnten so von zwei konkurrierenden Theorien, der Handlungs- und der Systemtheorie, sprechen, die ich später darstellen werde.

Aus dem zuletzt Geschilderten ergeben sich die beiden Themenkomplexe der vorliegenden Monographie, die Gegenstand in den Kapiteln 2 und 4 sind: Zum einen geht es um die Entstehung der Geistes- und Sozialwissenschaften bei Comte, Spencer, Dilthey und Max Weber. Zum anderen geht es um die Entwicklung von der Handlungs- zur Systemtheorie bei Marx, wiederum Max Weber, Talcott Parsons, Habermas und Luhmann. Daran, dass Max Weber zweimal behandelt werden muss, ist schon die Unmöglichkeit abzulesen, eine eindeutig systematische Gliederung zu wählen; die verschiedenen zu behandelnden Themenkomplexe überlappen sich vielmehr. Konzentrische Kreise, die einen gemeinsamen Mittelpunkt haben, überlappen sich nicht. Insofern ist keine rein chronologische Darstellung der Sozialphilosophie möglich, wie sie Vittorio Hösle vorschwebte. Dennoch werde ich versuchen, weitgehend diachron vorzugehen, wenigstens innerhalb der einzelnen Kapitel.

Theoriebildung in den Wissenschaften dient – so wurde angenommen –, ob nun in den Natur- oder in den Sozialwissenschaften, »zwei Hauptzwecken. Der eine besteht darin, das Vorkommen von Ereignissen oder Ergebnissen von Experimenten vorauszusagen und so neue Tatsachen zu antizipieren. Der andere besteht darin, bereits bekannte Tatsachen zu erklären oder verständlich zu machen.« (Wright 1974, 16) Dass es aber in den Sozialwissenschaften Theorien geben könnte, die Voraussagen über den weiteren Verlauf der Gesellschaftsgeschichte zulassen, daran hatten verschiedene Theoretiker bereits unmittelbar nach dem Entstehen der Sozialwissenschaften erhebliche Zweifel. Man konnte zwar die historische Tatsache erklären, dass beispielsweise Ludwig XIV. am Ende seiner Regentschaft unbeliebt war, weil er eine für Frankreichs Interessen schädliche Politik betrieb. Daraus ließ sich jedoch kein allgemeines Gesetz ableiten, das man in anderen, ähnlich gelagerten historischen Situationen anwenden konnte. (Vgl. Wright 1974, 34) Das wurde als Mangel gegenüber den Naturwissenschaften angesehen. Diese Einsicht führte zur Entwicklung einer genuin eigenen Methode der Sozialwissenschaften, die von der der Naturwissenschaften verschieden ist. Dilthey grenzte ebenso wie Max Weber die erklärende Methode der Naturwissenschaften von der interpretativen und verstehenden der Sozialwissenschaften ab. Die verstehende Methode ging im Unterschied zur erklärenden der Naturwissenschaften nicht von Kausalverhältnissen und der Relation von Ursache und Wirkung aus. Ich werde die verstehende Methode im Dilthey-Abschnitt darstellen.

Die Geschichtswissenschaft bildete den Ausgangspunkt für die Entwicklung einer eigenständigen geistes- oder sozialwissenschaftlichen Methode, die sich von der der Naturwissenschaften abzugrenzen hatte. Darum soll hier die Sicht der unterschiedlichen Theoretiker auf den Geschichtsverlauf auch der Prüfstein und Vergleichsmaßstab in fast allen Themenkomplexen, die ich behandeln werde, sein.[2] Mit der Kreierung der verstehenden im Gegensatz zur erklärenden Methode wird auch eine eigenständige Sozialwissenschaft geboren. Diese Geburt werden wir uns im folgenden Kapitel ansehen. Doch auch bei der Unterscheidung von Handlungs- und Systemtheorie, den beiden großen sozialwissenschaftlichen Theorien, steht deren Geschichtsauffassung im Mittelpunkt. Auf diese Weise wird die Vergleichbarkeit gewährleistet. Bereits jetzt sei erwähnt, dass die Handlungstheorie der verstehenden und die Systemtheorie der erklärenden Methode nahe steht.

Die einzelnen Kapitel haben unterschiedliche Schwierigkeitsgrade, was mit den von mir behandelten Theorien zusammenhängt.

2. Die Entstehung der Geistes- und Sozialwissenschaften: Erklären und Verstehen

AUGUSTE COMTE

Geschichtsverlauf und Gesellschaftsanalyse

Comte wurde 1798 geboren und erlebte in Frankreich die Auseinandersetzungen zwischen Revolution und Restauration, die sich für ihn »als ein sinnloser Kräfteverschleiß« darstellten. (Bock 1999, 42) Wer von den Vertretern beider Richtungen nun Recht hatte, wollte er nicht der Sympathie oder Antipathie überlassen. Er war der Auffassung, dass man das nur auf der Basis eines Entwicklungsgesetzes entscheiden könne. Wenn man erkennt, welches Gesetz der sozialen Entwicklung inhärent ist, dann könne man auch sagen, wohin ein solches allgemeines Gesetz die Gesellschaftsentwicklung laufen lässt, sodass zu entscheiden ist, welche von den beiden Parteien Recht hat, die der Restauratoren oder die der Revolutionäre. Comte gelangt infolgedessen zu der Auffassung, dass die alte Ordnung eine Struktur enthalte, auf der die neue aufbauen könne. Darum sei die Anarchie der Revolutionäre verfehlt. Ebenso sei es verfehlt, die alte Ordnung beibehalten zu wollen. Sie entwickle sich historisch zu einer besseren neuen Ordnung. Diese Entwicklung sei unaufhaltsam, unbeeinflussbar und irreversibel. (Vgl. Bock 1999, 49) Infolgedessen sei das Handeln der Reaktionäre sinnlos; sie würden die Entwicklung ohnehin nicht aufhalten können. (Vgl. Bock 1999, 49) Das Movens war für Comte die Dialektik von These, Antithese und Synthese. »Auf einen Zustand der Ordnung soll ein Zustand des Fortschritts folgen, der wegen seiner zersetzenden Züge [Comte denkt an die Schreckensherrschaft Robespierres] in

einen dritten Zustand überführt werden müsse, um Ordnung und Fortschritt zu vermitteln.« (Wagner 2001, 37)
Nach Comte durchläuft sowohl die menschliche Zivilisation wie das menschliche Wissen und jeder einzelne Mensch jeweils drei Stadien. Das erste Stadium der Menschheitsgeschichte ist das theologische oder das fiktive der Kindheit (vgl. Comte 1933, 167 ff.), das zweite ist das metaphysische oder das abstrakte der Jugend (vgl. Comte 1933, 267 ff.) und das dritte ist das wissenschaftliche oder das positive des Erwachsenenalters (vgl. Comte 1933, 320 ff.). Die Stadien bezeichnen die Entwicklung des menschlichen Geistes zu seiner Vervollkommnung. Im dritten Stadium schöpfen die Menschen ihr Wissen aus Beobachtungen und Erfahrungen. Die Verbindung von empirischer Beobachtung und logischem Denken ermöglicht es den Menschen, Beziehungen zwischen den Phänomenen herzustellen, die zu sozialen Gesetzen nach Art der Naturgesetze führen. Die Gesetzmäßigkeit der drei Stadien der Entwicklung ist auf alles zu übertragen; auf den Verstand, der sich vom Fetischismus und Monotheismus über die Metaphysik hin zum Positivismus entwickelt; auf die Aktivität, die von der Eroberung über die Verteidigung zur Arbeit verläuft; die Gefühle, die sich vom Egoismus zum Altruismus entwickeln; die Sympathie, die von der nationalen zur universalen fortschreitet; und den Organismus, der zunächst militärisch, dann feudal und schließlich industriell ist. (Vgl. Bock 1999, 48)
Die Erfolge der Naturwissenschaft übten zu Comtes Zeit eine große Faszination auf die Menschen aus. Hatte man in der Naturwissenschaft einmal ein allgemeines Gesetz entdeckt, so konnte man es auf viele vergleichbare Fälle anwenden und das Ergebnis eines Experiments vorhersagen. So entstand der Wunsch, das auf die Sozialwissenschaft übertragen zu können. Vergessen hat man dabei aber, dass die Naturwissenschaften des beginnenden 17. Jahrhunderts das bis dahin übliche Von-innen-Verstehen der Natur aufgegeben hatten. (Vgl. Apel 1979, 57) Und nachdem man mit Hume den logischen

Zusammenhang zwischen Ursache und Wirkung festgestellt hatte, konnte man von einer Durchgriffskausalität in den Naturwissenschaften ausgehen. Man geriet aber mehr und mehr in Zweifel, ob das auch im sozialen Zusammenhang möglich sein kann. Das Wachsen des Zweifels führte zur Entwicklung einer sozialwissenschaftlichen Methode sui generis bei Dilthey, wozu ich ein paar Seiten später noch kommen werde. Comte allerdings ging von einer Durchgriffskausalität im sozialen Zusammenhang aus. (Vgl. Apel 1979, 57) Das hatte seinen Grund wohl darin, dass er in das »Klima des überschießenden Glaubens an die Möglichkeiten von Naturwissenschaft und Technik« hineingeboren wurde. (Bock 1999, 39) Man nannte die an den Naturwissenschaften orientierte Sozialwissenschaft auch Positivismus. »Eine der Grundannahmen des Positivismus ist der methodologische Monismus bzw. die Idee von der Einheit der wissenschaftlichen Methode inmitten der Verschiedenartigkeit des Gegenstandes wissenschaftlicher Untersuchungen. Eine zweite Grundannahme besteht in der Ansicht, daß die exakten Naturwissenschaften, insbesondere die mathematische Physik, ein methodologisches Ideal bzw. einen methodologischen Standard setzen, an dem der Entwicklungs- und Perfektionsstand aller anderen Wissenschaften, einschließlich der Humanwissenschaften, zu messen sei. Eine dritte Grundannahme ist schließlich eine charakteristische Auffassung von wissenschaftlicher Erklärung. Solche Erklärung ist, in einem weiten Sinne, ›kausal‹. Sie besteht konkreter gesagt in der Subsumtion individueller Sachverhalte unter hypothetisch angenommene allgemeine Naturgesetze, einschließlich Gesetze der ›menschlichen Natur‹. Finalistische Erklärungen, d. h. Versuche, Tatsachen mit Hilfe von Intentionen, Zielen und Zwecken zu erklären, werden entweder als unwissenschaftlich abgelehnt oder es wird zu zeigen versucht, daß sie bei entsprechender Eliminierung ›animistischer‹ oder ›vitalistischer‹ Relikte in Kausalerklärungen transformiert werden können.« (Wright 1974, 18)
Wegen der Orientierung an den Naturwissenschaften be-

zeichnete Comte, der als Erster den Begriff »Soziologie« verwendete (vgl. Comte 1933, 6)[3], diese neue Wissenschaft bis zu diesem Zeitpunkt – wie alle anderen Positivisten – als »soziale Physik«. Die soziale Entwicklung sei einem Naturgesetz der Entwicklung unterworfen, das Comte durch Beobachtung und daraus resultierende allgemeine Aussagen entdeckt habe. Darum seien sichere Aussagen über die Zukunft der gesellschaftlichen Entwicklung möglich. Auch der Aufbau der Wissenschaften gestaltete sich laut Comte nach einem Gesetz, dem enzyklopädischen Gesetz. Die Wissenschaften hätten ebenfalls einen Stufenbau. Die Astronomie sei von allen folgenden Wissenschaften unabhängig, denn alle irdischen Phänomene hingen von der Stellung der Erde im Sonnensystem ab. »Die physikalischen Phänomene sind komplexer als die astronomischen, daher ist die Physik schon weniger präzise als die Astronomie.« (Bock 1999, 45) Danach folgen bei Comte noch unpräzisere Wissenschaften wie Chemie und Biologie. »Die Biologie ist von allen vorhergehenden Wissenschaften abhängig.« (Bock 1999, 46) Die Soziologie nun bildet das Schlusslicht im System der Wissenschaften.

Für Comte blieb die Restauration, mit ihrem Beharren auf einem König von Gottes Gnaden und einem göttlichen Recht, dem theologischen Stadium verhaftet oder verfallen. Die Revolutionäre hätten in jeder Hinsicht, bis hin zur Einführung eines neuen Kalenders, mit der alten Ordnung gebrochen. »Im positiven Stadium würde es seines Erachtens keine derartigen übernatürlichen Vorstellungen mehr geben, weshalb auch die neue Ordnung auf wissenschaftlichen, rein durch Beobachtung erkannten Grundlagen beruhen würde.« (Wagner 2001, 38)

Zum Schluss ist noch zu fragen, ob die Fortschrittslehre Comtes Vorläufer hatte, auf die er sich bezog. Joachim von Fiore sah die Dreiheit Gottes in der Weltgeschichte verwirklicht. Bei Joachim gibt es ebenfalls drei Stufen der organischen Entwicklung, die sich in der Geschichte vollzieht: »Die erste Stufe ist die des Vaters, des Alten Testaments, der Furcht und des gewußten Gesetzes. Die zweite Stufe ist die des Sohnes oder des Neuen Testaments, der Liebe und der Kirche, die in Kleriker und Laien geschieden ist. Die dritte Stufe, die bevorsteht, ist die des Heiligen Geistes oder der Erleuchtung aller, in mystischer Demokratie, ohne Herren und Kirche.« (Bloch 1959, 591) Und Ernst Bloch interpretiert weiter: »Es ist kaum möglich, alle Wege zu bestimmen, die dieser höchst geschichtlich gemeinte Traum genommen hat. Er lief durch lange Zeiten und in weit entfernte Länder, echte und gefälschte Schriften Joachims waren jahrhundertelang verbreitet. Sie liefen nach Böhmen und Deutschland, auch nach Rußland.« (Bloch 1959, 593) Und selbstverständlich wurden sie darüber hinaus in Frankreich bekannt. »Auch Comtes Gedanke einer dreistufigen Entwicklung entstand wahrscheinlich unter dem Einfluß von Lessings Abhandlung« *Die Erziehung des Menschengeschlechts*, der darin von einem »dreifachen Alter der Welt« spricht. (Löwith 1983, 223; vgl. auch Wagner 2001, 101) Über seine Lessing-Lektüre wurde das Dreistadiengesetz Joachims von Fiore auch Comte bekannt. Nach Bloch entstand durch die Vermischung von christlichem Gedankengut und positiver Philosophie eine »phantastische Traumhochzeit zwischen heiligem Sozialismus und profanem Vatikan« (Bloch 1959, 661). Weniger barock drückt Karl Löwith diesen Sachverhalt aus: »Wie alle seine Vorgänger und Nachfolger ist sich Comte nicht darüber klar gewesen, in welchem Maße seine Idee vom Fortschritt noch selbst theologisch ist.« (Löwith 1983, 94) Worin liegt für Löwith das Theologische bei Comte? Er sieht es in der Eschatologie, der Erwartung einer besseren Zukunft, der Erlösung. »Nur innerhalb dieses Horizontes der Zukunft, wie ihn der jüdische und christliche Glaube gegen die ›hoffnungslose‹, weil zyklische Weltanschauung des klassischen Heidentums schuf, konnte die Fortschrittsidee überhaupt zum Leitgedanken des modernen Geschichtsverständnisses werden.« (Löwith 1983, 95)

Ganz im Gegensatz dazu ist Vittorio Hösle der Auffassung, dass Comte radikal mit seinen christlichen Voraussetzungen gebrochen habe. (Vgl. Hösle 1999, 130) Er erinnert daran, dass Comte eine mit allen Details ausgearbeitete positivistische Religion entworfen habe, die ihm als legitime Erbin des Katholizismus bzw. als Alternative zum Christentum galt, »und ein großer Teil seiner späten Aktivität galt der Ausbildung einer Esperantoreligion mit einem eigenen Katechismus, eigenen Sakramenten und einem eigenen Kalender, in dem die Heiligen des Christentums durch die seiner Ansicht nach wichtigsten Figuren der menschlichen Geschichte ersetzt werden. Er bemühte sich auch um eine Allianz mit der römischen Kirche, um die zentrifugalen Kräfte aufzuhalten, die die Institutionen von Privateigentum und Monogamie bedrohten, an denen er unbedingt festhielt.« (Hösle 1999, 150) Seine positivistische Religion fand nur in Lateinamerika eine gewisse Verbreitung, z. B. finden wir in der brasilianischen Flagge die Worte »ordre e progreso«, die die Synthese des comteschen Programms, Fortschritt bei sozialer Stabilität, kennzeichnen. Doch jenseits dieser unterschiedlichen Interpretationen vom Zusammenhang moderner und christlicher Fortschrittslehre ist die Frage zu stellen, was für Comte das Anziehende an der Lehre Joachims von Fiore gewesen sein kann. Letzterer säkularisierte die Heilsgeschichte. Das Eschaton erfüllte sich danach nicht erst im Jenseits, sondern im Diesseits. (Vgl. Wagner 2001, 102) Comte selbst hat auf den christlichen Ursprung der Fortschrittslehre hingewiesen. (Vgl. Wagner 2001, 103) Für Comte gibt es ein Leben vor dem Tod. Darum war diese Lesart Joachims für ihn so faszinierend.

Gesellschaftsentwicklung

Die Entwicklung nach dem Dreistadiengesetz, sagt Comte, sei unaufhaltsam, unbeeinflussbar und irreversibel. Er ist der Überzeugung, dass es zwar schnellere oder langsamere Entwicklungen geben könne, aber auf ein früheres Stadium der Entwicklung könne keine Gesellschaft zurückfallen, wenn sie einmal ein höheres erreicht habe. Doch gebe es trotz dieses gesetzmäßigen Fortschritts eine gewisse Handlungsmöglichkeit für die Menschen. »Sowohl die anfallenden ›Kosten‹ als auch das Tempo der Entwicklung können beeinflußt werden, wenn erst ihr gesetzmäßiger Gang bekannt und in Zukunft extrapoliert ist. Das ›progressive‹, den Fortschritt befördernde Handeln wird zur ethischen Pflicht. So ist etwa eine beschleunigte Entwicklung der nichteuropäischen Regionen durchaus möglich.« (Bock 1999, 49) Das ist eine Auffassung, die - wie wir später noch sehen werden - auch Habermas in ähnlicher Weise vertritt. (Vgl. Habermas 1997)

HERBERT SPENCER

Geschichtsverlauf und Gesellschaftsanalyse

Auch Spencer (1820-1903) hatte den hohen Anspruch, mit seiner Theorie ein *allgemein gültiges* Entwicklungsgesetz aufzustellen, das dem Verlauf der Menschheitsgeschichte zugrunde liege. Damit sollte man in die Lage versetzt werden, Voraussagen über die Zukunft zu machen. Auch er glaubte - wie Comte -, dass es keine Entwicklungsrückschritte geben könne. Es gebe Kräfte in der Gesellschaft, die durch ihr Zusammenwirken diese vorwärtsgerichtete Entwicklung bewerkstelligen würden. Der Natur und der Gesellschaft liege ein und dasselbe Gesetz zugrunde, das es zu erkennen gelte, um Aussagen über Geschichtsverläufe und Gesellschaftsentwicklungen treffen zu können. Als allgemeines Gesetz nimmt er das evolutionäre »Survival of the fittest« an, dessen Entdeckung oft Darwin zugeschrieben wird. Tatsächlich war es umgekehrt. Darwin übernahm diese Formulierung auf Alfred R. Wallaces' Empfehlung von Spencer. (Vgl. Hösle/Illies 1999, 62) Die Besten würden also in den sozialen Auseinandersetzungen überleben und die mit geringem Vermögen Ausgestatteten »sterben in Menge«, sodass »nur sehr wenige eine irgend erhebliche Lebensdauer erreichen« würden. (Spencer 1887, 186)

Spencer behauptet weiterhin, dass die Entwicklung vom »unzusammenhängenden Homogenen zum wechselseitig abhängigen Heterogenen« gehe. (Kunczik 1999, 77) Er schreibt: »Im Anfang sind die Verschiedenheiten zwischen den einzelnen Gruppen ihrer Einheiten der Zahl wie der Art nach sehr unbedeutend, sobald aber die Bevölkerung ansteigt, treten immer mehr und entschiedener ausgeprägte Abtheilungen und Unterabtheilungen hervor.« (Spencer 1887, 6) Eine vergleichbare Entwicklung sieht Spencer in der Biologie, wie er überhaupt Parallelitäten zwischen der Natur und der Gesellschaft auszumachen meint, was er andererseits bestreitet, indem er den Glauben daran zurückweist, »dass es irgendeine besondere Analogie zwischen dem socialen Organismus und dem menschlichen Organismus gebe« (Spencer 1887, 171 f.). Dennoch muss man sagen – und wenn man sein Werk liest, ist es unübersehbar –, dass Spencer die Parallelität zwischen Biologie und Soziologie sehr weit treibt.[4] Dies ist bereits bei seinem Grundgesetz der Entwicklung, dem »Survival of the fittest«, der Fall, weiter unten werden uns in dieser Hinsicht noch weitere einschlägige Zitate begegnen. Hinzu tritt noch das ausführliche Referieren von völkerkundlichem Material, sodass wir bei ihm von der deskriptiven und vergleichenden soziologischen Methode sprechen müssen.

Spencer verstand unter Soziologie das Studium der Evolution. Robert G. Perrin kann vier Konzepte von Entwicklung bei Spencer ausmachen. (Vgl. Perrin 1976, 1342–1353)

1. Evolutionäre Entwicklung zu einer idealen Gesellschaft hin.
2. Evolution als Differenzierung in funktionale Subsysteme, wie eben gesehen.
3. Evolution als zunehmende Arbeitsteilung.
4. Evolution als Entwicklung verschiedener Gesellschaftstypen.

Diese vier Konzepte nebeneinander zu sehen ist keineswegs ein Widerspruch, denn wie Luhmann in seiner Soziologie spä-

ter zeigt, entwickelt sich die Gesellschaft in bestimmten Formen, von der segmentären über die stratifikatorische zur funktionalen. Das bringt eine zunehmende Arbeitsteilung mit sich und eine Vielzahl von Professionen hervor, im Unterschied zu frühen Phasen der Gesellschaftsentwicklung, wo jeder alles ausführen konnte, was Spencer sehr anschaulich darzustellen weiß: »Selbst die verhältnissmässig einfachen Pflichten der Landarbeiter würden, wenn letztere Strike machten, nur sehr unvollkommen durch die städtische Bevölkerung ausgeführt werden, und unsere Eisenwerkstätten müssten sofort stillstehen, wenn ihre geschickten Arbeiter nicht mehr Hand anlegen wollten und durch Bauern oder Arbeitskräfte aus Baumwollfabriken ersetzt werden müssten.« (Spencer 1887, 51) Damit sind die Punkte 2 bis 4 abgedeckt. Dass die funktional differenzierte Gesellschaft dann unbedingt die ideale wäre, ist weder von Spencer noch von modernen Systemtheoretikern wie Luhmann behauptet worden.
Spencer beschreibt die gesellschaftliche Entwicklung in folgender Weise: »Immerhin gibt es zwei Arten von wesentlichen Unterschieden, deren wir uns bedienen können, um die Gesellschaften einigermaassen zu gruppiren. In erster Linie können wir sie anordnen je nach dem Grade ihrer Zusammensetzung, ob sie einfach, zusammengesetzt, doppelt- und dreifach-zusammengesetzt sind. Und in zweiter Linie lassen sie sich, obgleich weniger genau, eintheilen in vorherrschend kriegerische und vorherrschend industrielle Gesellschaften – in solche, wo die Organisation zu Zwecken des Angriffs und der Abwehr die weiteste Ausdehnung erlangt hat, und solche, wo die dem Unterhalt dienende Organisation am stärksten entwickelt ist.« (Spencer 1887, 121) Die Abgrenzungen seien aber nicht so eindeutig ausfindig zu machen; Spencer spricht von »mancherlei Übergangsstufen«. (Spencer 1887, 121) Darum könne man bei einer Klassifizierung nur von einer »Annäherung an die Wahrheit« sprechen. (Spencer 1887, 126) Diese jedoch ist möglich. Spencer zufolge gibt es eine Abfolge von einfachen über zusammengesetzte zu doppelt zusammen-

gesetzten Gesellschaften usw. (Vgl. Spencer 1887, 122–125) Bei dieser Entwicklung wäre trotz aller Verschiedenheit eine »gewisse Verallgemeinerung« möglich, die er sich so vorstellt:

»Die Stufen der einfachen und der mehrfachen Zusammensetzung müssen nach einander durchlaufen werden. Kein einfacher Stamm wird durch blosses Wachsthum zu einer Nation und keine grosse Gesellschaft entsteht durch unmittelbare Vereinigung kleinster Gesellschaften. Über der einfachen Gruppe folgt als erstes Stadium eine zusammengesetzte Gruppe von noch unbedeutender Grösse. Die gegenseitige Abhängigkeit der Theile, welche sie zu einem lebendig wirkenden Ganzen macht, vermag sich nicht zu behaupten ohne eine gewisse Entwickelung von Verkehrslinien und Einrichtungen zur vereinten Thätigkeit, und dieser Vorgang muss sich auf einem engeren Gebiet vollziehen, bevor er über ein weiteres sich ausbreiten kann. Wenn eine zusammengesetzte Gesellschaft durch das vereinte Wirken der sie aufbauenden Gruppen in einem Kriege unter einem einzelnen Oberhaupt sich innerlich befestigt hat, – wenn sie gleichzeitig eine gewisse Differenzirung ihrer socialen Rangstufen und Gewerbsthätigkeiten erfahren und ihre Handwerke und Künste entsprechend ausgebildet hat, was alles in gewissem Maasse zum besseren Zusammenwirken beiträgt, so ist die zusammengesetzte Gesellschaft schon dem Wesen nach zu einer einzigen geworden. [...] Und in späteren Stadien entstehen durch ähnliche Vorgänge noch grössere Aggregate von immer verwickelterem Aufbau.« (Spencer 1887, 126 f.)

Zu diesem Ergebnis kommt er durch seine vergleichende Analyse. Hierzu verwendet er eine große Menge völkerkundlichen Materials, bringt Beispiele von Feuerländern, Australiern, Buschmännern, Nepalesen, Eskimos, Pueblos, Zulus usw.
Wie wird diese Weiterentwicklung zu einem »verwickelten Aufbau« organisiert, sodass dennoch eine gesellschaftliche Ordnung entsteht und erhalten bleibt? Bei der Antwort zieht er wieder eine Parallele zur Biologie: »Es gehört ferner zu den Besonderheiten der socialen sowohl wie der lebenden Körper überhaupt, dass sie während der Zunahme an Grösse auch in

ihrem inneren Bau zunehmen. Gleich einem der niedersten Thiere zeigt der Embryo eines höher stehenden nur wenig unterscheidbare Theile; indem er aber einen grösseren Umfang erreicht, vermehren und differenziren sich auch seine Theile. So auch bei der Gesellschaft.« (Spencer 1887, 6) Hier kann man an die Entwicklung von Organisationen in der Gesellschaft denken, die in einer späteren Phase der Gesellschaftsentwicklung, der Entwicklung zur funktional differenzierten Gesellschaft, auftreten. Die funktional differenzierte Gesellschaft ist von Organisationen durchsetzt. Gut durchorganisierte Systeme halten höhere Komplexität aus. Sie gestatten es, durch Erhöhung der Komplexität die Komplexität zu reduzieren. Aufgaben und deren Erfüllung werden Organisationen zugewiesen. Dadurch werden soziale Systeme übersichtlicher. Das Erziehungssystem beispielsweise erlaubt aufgrund seines hohen Organisationsgrads eine größere Vielfalt von differenzierten Erziehungsmaßnahmen. Die Verantwortung dafür tragen einzelne Organisationen im Erziehungssystem. Stundenpläne erstellt die Organisation Schule, Lehrpläne gibt die Organisation Kultusministerium vor, Ausführungsvorschriften dazu erlässt die Organisation Bezirksregierung. Organisationen anderer Art sorgen für eine weitere Differenzierung im Erziehungsbereich, z. B. in Form von Erwachsenenbildung oder außerschulischer Jugendbildung in Volkshochschulen, Heimvolkshochschulen, in Landerziehungsheimen oder Jugendfreizeiteinrichtungen. Durch die Verteilung der diversen Aufgaben auf Organisationen werden die Systeme zudem leistungsfähiger. Gleichzeitig werden die Abhängigkeiten bei einer so gearteten Höherentwicklung der Gesellschaft größer. Das sieht Herbert Spencer so: »Wenn das Wesen der Organisation auf einer solchen Zusammenfügung des Ganzen beruht, dass seine Theile wechselseitig abhängige Thätigkeiten ausführen können, so muss in demselben Maasse, als die Organisation eine höhere wird, auch die Abhängigkeit jedes einzelnen Theiles von den übrigen immer grösser werden, so dass die Trennung von denselben ihm verderblich sein würde, und umgekehrt. [...] Bei niedrigen Aggregaten, Einzelwesen sowohl als socialen Gebilden, hängen die Thätigkeiten der Theile nur wenig von einander ab.« (Spencer 1887, 47, 49)

Letztere Einsicht hat die neuere Systemtheorie Niklas Luhmanns von Herbert Spencer übernommen – wie überhaupt die moderne Systemtheorie Spencer in hohem Maße verpflichtet ist. Nehmen wir z. B. die autopoietischen Systeme und ihr Zusammenwirken beim Erhalt der Gesamtgesellschaft. Wir wissen von Luhmann, dass die Gesamtgesellschaft sich erhält, sich in Krisensituationen reproduziert und selbst wieder auf die Beine hilft. Das geschieht durch den Kanon vieler autopoietischer Systeme, wie Wirtschafts-, Rechts-, Wissenschaftssystem, die überhaupt nur Interesse am *eigenen* Bestand haben, aber durch die Verfolgung des Eigeninteresses die Gesamtgesellschaft erhalten. Spencer schreibt: »Gesellschaft: Jeder einzelne Theil sorgt eben selbst für alle seine Bedürfnisse.« (Spencer 1887, 15) Sie alle dienen durch ihr Bestehen dem Erhalt und dem Funktionieren der Gesamtgesellschaft. Herbert Spencer vertritt die Auffassung, dass das natürliche Gleichgewicht sich in der Gesellschaft von selbst herstellt. (Vgl. Spencer 1887, 20) »Die erforderlichen gegenseitigen Einflüsse der Theile auf einander werden in der Gesellschaft, wo sie nicht auf directem Wege übertragbar sind, auf indirectem Wege übertragen.« (Spencer 1887, 21) Nicht nur dieses Konzept der autopoietischen Systeme hat die Systemtheorie von Spencer übernommen, sondern auch – wie oben gezeigt – das der Entwicklung zu einer funktional differenzierten Gesellschaft hin und das Evolutionskonzept.

Aus dem Evolutionskonzept folgt, dass Herbert Spencer gegen jeden Staatseingriff war, weil er das Gesetz der sich selbst regulierenden Systeme entdeckt hatte. Gesellschaft entwickelt sich in dem oben genannten Sinne selbsttätig und evolutionär weiter. Es bedarf nicht des menschlichen Eingriffs. (Kunczik 1999, 82) Aus seinem Grundgesetz kann gefolgert werden, dass man die gesellschaftliche Entwicklung zu einer besseren Gesellschaft unterstützt, indem man stets für seine eigenen besten Möglichkeiten im Sinne der Systemerhaltung sorgt.

EXKURS: ERNST CASSIRER

Herbert Spencer sprach davon, dass »in demselben Maasse, als die Organisation eine höhere wird, auch die Abhängigkeit jedes einzelnen Theiles von den übrigen immer grösser werden [sic], so dass die Trennung von denselben ihm verderblich sein würde, und umgekehrt« (Spencer 1887, 47). Diese Einsicht ist bei Spencer nicht erkenntnistheoretisch abgesichert. Darum kann man auch nur bedingt davon sprechen, dass Herbert Spencer in dieser Hinsicht Talcott Parsons und Niklas Luhmann bei der Entwicklung des Systemfunktionalismus (Parsons) und der funktionalen Systemtheorie (Luhmann) beeinflusst hätte. Obwohl das immer wieder behauptet wird, ist der Fall doch weitaus komplizierter. Für beide war Ernst Cassirer mit seinem 1910 erschienenen Werk *Substanzbegriff und Funktionsbegriff* sehr viel einflussreicher. (Vgl. Jensen 1980, 29; Reese-Schäfer 1992, 103) In diesem Buch nimmt Cassirer »den methodischen Kampf um die Grenzen der Mathematik und Ontologie, der in der Philosophie des 18. Jahrhunderts geführt wurde«, wieder auf. (Cassirer 1994, 24) Er bringt dabei ganz entschieden den Funktionsbegriff gegen den Substanzbegriff zur Geltung. An dieser Parteinahme auf dem Gebiet der

Erkenntnis orientieren sich die später von mir behandelten Sozialphilosophen Talcott Parsons und Niklas Luhmann in je anderer Weise für ihre Erkenntnis der Gesellschaft.
Während für Aristoteles der Substanzbegriff der erste in seinem ontologischen Kategoriensystem ist, auf den alle anderen Kategorien bezogen sind, ist es in der mathematischen Logik, auf die Ernst Cassirer rekurriert, anders. (Vgl. Cassirer 1994, 9) Cassirer und nach ihm die beiden genannten Sozialphilosophen orientieren sich am mathematischen Funktionsbegriff, der ein, wie Cassirer sagt, Zuordnungsgesetz ist, das einer Größe x eine Größe y zuordnet, sodass zu jedem Wert x ein Wert y gehört. Es entsteht die Gleichung y = f (x). Y wird damit als eine Funktion von x gekennzeichnet. »Der Logik des Gattungsbegriffs, die, wie wir sahen, unter dem Gesichtspunkt und der Herrschaft des Substanzbegriffs steht, tritt jetzt die *Logik des mathematischen Funktionsbegriffs* gegenüber.« (Cassirer 1994, 27) Damit ist an die Stelle von Merkmalen, die die Substanz oder das Wesen bestimmen, der »Verflechtungszusammenhang von Elementen« getreten. (Cassirer 1994, 31) Cassirer interpretiert das dahingehend, dass er sagt: »Die Zahl 753684 ist von der ihr unmittelbar vorausgehenden oder folgenden Zahl ebenso bestimmt und deutlich unterschieden, wie es die Drei von der Zwei oder Vier ist.« (Cassirer 1994, 38) Und dabei ist keineswegs ein Kausalverhältnis zwischen den Zahlen anzunehmen: »Die Drei ›folgt‹ auf die Zwei nicht, wie etwa auf den Blitz der Donner, da beide keine zeitliche Wirklichkeit, sondern lediglich idealen logischen Bestand besitzen.« (Cassirer 1994, 51)
Ernst Cassirer betont, dass erst durch Einordnung in einen funktionalen Zusammenhang etwas erkannt werden könne. Dieser wird aber durch Regeln der Erkenntnis, wie sie beispielsweise Kant dargestellt hat, gegeben. Wenn wir uns die kantische *Kritik der reinen Vernunft* vor Augen führen, erinnern wir uns, dass beispielsweise jeder empirische Gegenstand nur mittels des erkenntnistheoretischen Koordinatenkreuzes von Raum und Zeit überhaupt zur Erscheinung

gebracht werden kann, Raum und Zeit andererseits ohne den Gegenstand gar nicht wahrgenommen werden könnten. Cassirer beschreibt diesen Zusammenhang so:

»Die *Wahrheit* des Gegenstands [...] hängt an der *Wahrheit* dieser Axiome [gemeint sind die Axiome wissenschaftlicher Erkenntnis] und besitzt keinen anderen und festeren Grund. Es gibt somit freilich im strengen Sinne kein absolutes, sondern immer nur *relatives* Sein: aber diese Relativität bedeutet ersichtlich nicht die physische Abhängigkeit von den einzelnen denkenden Subjekten, sondern die logische Abhängigkeit vom Inhalt bestimmter allgemeingültiger Obersätze aller Erkenntnis überhaupt. Der Satz, daß das Sein ein ›Produkt‹ des Denkens ist, enthält somit hier keinerlei Hindeutung auf irgendein physisches oder metaphysisches Kausalverhältnis, sondern er bezeichnet lediglich eine rein funktionale Beziehung, ein Verhältnis der Über- und Unterordnung in der Gültigkeit bestimmter Urteile.« (Cassirer 1994, 395f.)

Die Axiome der Erkenntnis - wie die geschilderten der kantischen Erkenntniskritik - bilden den Maßstab für das Erkannte. Das Erkannte ist nur in diesem Koordinatensystem von Erkenntnisregeln wahr. »Wir erkennen somit nicht ›die Gegenstände‹ - als wären sie schon zuvor und unabhängig *als Gegenstände bestimmt* und gegeben -, sondern wir erkennen *gegenständlich*, indem wir innerhalb des gleichförmigen Ablaufs der Erfahrungsinhalte bestimmte Abgrenzungen schaffen und bestimmte dauernde Elemente und Verknüpfungszusammenhänge fixieren. Der Begriff des Gegenstandes ist in diesem Sinne genommen, keine letzte *Schranke* des Wissens mehr, sondern umgekehrt eben das Grundmittel, kraft dessen es all das, was ihm zum feststehenden Eigentum geworden ist, ausdrückt und sicherstellt.« (Cassirer 1994, 403) Die Grenze oder Schranke des Wissens, will Cassirer sagen, wird durch die Erkenntnismittel gegeben und nicht durch die Erkenntnisgegenstände. Alles Erkannte hat in einem übergeordneten Zusammenhang seinen Platz, so wie bei einer mathematischen

Funktion nur das x und das y zusammen eine Bedeutung haben. Sie sind funktional aufeinander verwiesen. Und dementsprechend hat jeder Gegenstand der Erkenntnis seinen Platz und damit seine Bedeutung nur »in den allgemeingültigen *Funktionsformen* der rationalen und empirischen Erkenntnis« (Cassirer 1994, 411).

»Die Gesetzlichkeit des Erkannten ist mit der des Erkennens nicht gleichbedeutend. Dennoch aber bleiben beide Gesetzlichkeiten auf einander bezogen, sofern sie zwei verschiedene Aspekte eines allgemeinen Problems darstellen. So besteht zwischen dem *Gegenstand* und der *Operation* des Denkens in der Tat ein tieferes und intimeres Wechselverhältnis, als zwischen dem – Wein und dem Trinken des Weins. Wein und Trinken sind einander nicht in eindeutiger Weise zugeordnet; – wohl aber zielt jeder reine Erkenntnisakt auf eine objektive Wahrheit hin, die er sich gleichsam gegenüberstellt, wie andererseits der Bestand der Wahrheit nur kraft dieser Akte und durch ihre Vermittlung zum Bewußtsein gebracht werden kann. [...] Die funktionale Betätigung des Denkens verlangt und findet ihren Halt in einer idealen *Struktur* des Gedachten, die ihm unabhängig von jedem besonderen zeitlich begrenzten Denkakt ein für alle Mal zukommt. Beide Momente bestimmen erst in ihrer Durchdringung den vollständigen Begriff der Erkenntnis. Das Ganze unserer intellektuellen Operationen ist gerichtet und gespannt auf die Idee eines ›stehenden und bleibenden‹ Geltungsbereichs objektiv notwendiger Beziehungen. So zeigt sich, daß jedes Wissen gleichsam ein *statisches* und ein *dynamisches* Motiv in sich birgt und erst in dieser Vereinigung seinen Begriff vollendet.« (Cassirer 1994, 417 f.)

Das ist der funktionale Zusammenhang zwischen dem Gegenstand der Erkenntnis und dem Instrumentarium der Erkenntnis.

Es gibt aber noch einen weiteren funktionalen Zusammenhang, den jeder erkannte Gegenstand in einem Gesamtsystem hat. In dieser anderen Hinsicht zitiert Ernst Cassirer zustimmend ein anschauliches Beispiel von Max Planck: »Sehen wir genauer zu, so glich das alte System der Physik gar nicht einem einzigen Bild, sondern viel eher einer Gemäldesammlung; denn für jede Klasse von Naturerscheinungen hatte man ein besonderes Bild. Und diese verschiedenen Bilder hingen nicht miteinander zusammen; man konnte eins von ihnen entfernen, ohne die anderen zu beeinträchtigen. Das wird in dem zukünftigen physikalischen Weltbild nicht möglich sein. Kein einziger Zug desselben wird als unwesentlich fortgelassen werden können; jeder ist vielmehr unentbehrlicher Bestandteil des Ganzen und besitzt als solcher eine bestimmte Bedeutung für die beobachtete Natur, und umgekehrt wird und muß jede beobachtbare physikalische Erscheinung in dem Bilde einen ihr genau entsprechenden Platz finden.« (Cassirer 1994, 409) Was das für die erkannten Gegenstände insgesamt bedeutet, erläutert Ernst Cassirer so: »Wir können ein Urteil niemals direkt den einzelnen äußeren Gegenständen gegenüberstellen und es mit diesen, als für sich gegebenen Dingen, vergleichen; sondern wir können stets nur nach der Funktion fragen, die es im Aufbau und in der Deutung der Gesamtheit der Erfahrungen erfüllt.« (Cassirer 1994, 423) Das ist nun auch die Erkenntnisweise Luhmanns. Alle Begriffsbestimmungen erfolgen bei Luhmann nicht als ontologisch-metaphysische »Wesensbestimmungen«, sondern aufgrund der Ermittlung ihrer sozialen Funktion, die man aber als ein Erkenntnisinstrumentarium denken muss, um soziale Zusammenhänge erkennen zu können. Man darf also nicht den Fehler machen, sie zu ontologisieren. Von erkenntnistheoretischer Ontologisierung wollte Ernst Cassirer sich ja gerade absetzen, hier lag der Grund für das Verfassen seiner umfangreichen Schrift. Peter Fuchs hat die Bedeutung der Funktion für die soziologische Analyse durch folgendes Bonmot verstehbar und plastisch gemacht[5]: Der Hund bellt nicht, um seinen Besitzer vor dem Einbrecher zu warnen. Das ist lediglich die Sicht des soziologischen Beobachters, der die Funktion des Hundegebells darin erkennt.

Funktion ist bei Parsons eine Kategorie der Systemerhaltung, d. h., dass eine Leistung dann als funktional gilt, wenn sie der

Erhaltung eines einzelnen Systems dient. (Vgl. Parsons 1976, 76) Talcott Parsons kennt in seinem so genannten AGIL-Schema vier funktionale Grundprobleme: »adaptation« (Anpassung) im physisch-organischen System, »goal attainment« (Zielgerichtetheit) im Personsystem, »integration« im Sozialsystem, »latent pattern maintenance« (Wert- oder Strukturerhaltung) im kulturellen System, wie wir weiter unten noch sehen werden. Luhmann kritisiert diese Auffassung des »älteren Systemfunktionalismus«: »Selbsterhaltung, Bestandserhaltung, boundary maintenance (oder wie sonst die Formeln hießen) sind keine Bezugspunkte für Funktion, sondern Existenzprädikate« (Luhmann 2000, 142), also ontologische Bestimmungen, die Cassirer zu meiden suchte. Bei Luhmann ist die Bedeutung von Funktion, im Gegensatz zu Parsons, eine Kategorie der Gesellschaftstheorie, die sich auf die Gesellschaft als Ganzes bezieht und nicht nur auf ein einzelnes System. Die Systeme werden nicht nach altem metaphysischem Brauch wesensbestimmt, vielmehr wird auf die Funktion eines Systems im sozialen Gefüge abgestellt, wobei Systeme ja selbst Erkenntnisinstrumentarien einer gewiss real stattfindenden Erkenntnis sind. Man kann auch sagen, das System ist die Unterscheidung, die man trifft, um überhaupt die Welt wahrnehmen zu können.

Die funktionale Sichtweise ist vergleichbar mit der veränderten Sichtweise in den Naturwissenschaften. In der aristotelischen Naturwissenschaft fielen die Gegenstände aus dem Grund nach unten, weil es das *Wesen* eines Gegenstandes sei, zum Erdmittelpunkt zu streben. Hier wurde nur der einzelne Gegenstand für sich betrachtet. In der neuzeitlichen Naturwissenschaft stehen die Gegenstände in Relation zum Gravitationsgesetz. Die einzelnen Gegenstände bekommen durch das Gravitationsgesetz ihre Funktion im Weltganzen. Aber wo ist das Gravitationsgesetz? Kann man es sehen oder anfassen?

Alle Systeme sind in einer funktional differenzierten Gesellschaft darauf gerichtet, das Gesamtsystem Gesellschaft zu erhalten; dies gilt für das Selbsterhaltungsbestreben des Wirtschaftssystems ebenso wie für das des Rechtssystems. Ihre Operationen sind darauf gerichtet, sich selbst zu erhalten und zu stabilisieren. Aber dadurch stabilisieren sie letzten Endes die Gesamtgesellschaft. Dazu noch einmal Ernst Cassirer: »Nicht die *Zahl*, sondern allenfalls die Zahlen bilden eine wahrhafte ›Wesenheit‹. Das Einzelne erhält hier seinen Sinn und Gehalt erst vom Ganzen: – dieses Ganze aber läßt sich niemals wie ein ruhendes Objekt der Anschauung auf einmal vergegenwärtigen, sondern muß, um wahrhaft übersehen zu werden, im Gesetz seines Aufbaus erfaßt und durch dieses Gesetz bestimmt werden. Um die Zahlenreihe *als Reihe* aufzufassen und sie damit erst in ihrem systematischen Wesen zu durchdringen, bedarf es nicht nur eines *einzelnen* apperceptiven Aktes, wie man ihn etwa für die Wahrnehmung eines besonderen Sinnendinges als genügend ansieht, sondern stets einer Mannigfaltigkeit derartiger Akte, die einander wechselweise bedingen.« (Cassirer 1994, 420 f.) Entsprechend geht Luhmann bei der Erkenntnis der Gesellschaft vor. Er stellt eine Mannigfaltigkeit von Erkenntnisakten nebeneinander, indem er System für System erkennt, erst das Wirtschaftssystem, dann das Wissenschafts-, Rechts-, Kunst-, Politik-, Religions-, Erziehungssystem, um sie alle dann in dem Gesamtsystem Gesellschaft zusammenzufügen – und zwar in dem Werk, das seine Systemtheorie abschließt, dem Band *Die Gesellschaft der Gesellschaft*.

WILHELM DILTHEY

Geschichtsverlauf

Der Versuch Comtes und Spencers, aber auch vieler anderer, wie John Stuart Mill, das Soziale naturwissenschaftlich zu erklären, sodass aus allgemeinen Gesetzen auf den künftigen Verlauf geschlossen und aus den Verlaufsgesetzen auch eine

Prognose für die zukünftige Entwicklung abgeleitet werden könne - mithin eine Orientierung der Geistes- und Sozialwissenschaften an den neuzeitlichen, durch Experimente und durch Zuhilfenahme der Mathematik geprägten, erfolgreichen Naturwissenschaften (vgl. Dilthey 1970, 102f., 156) -, erntete Widerspruch. Dennoch gibt es selbstverständlich weiterhin Strömungen, die am Objektivitätsideal der Naturwissenschaften auch für die Geisteswissenschaften festhalten wollen. (Vgl. Apel 1979, 64) Zunächst kritisierte der Historiker Johann Gustav Droysen (1808-1884) »den methodologischen Monismus des Positivismus«; er lehnte es ab, »das von den exakten Naturwissenschaften vorgegebene Muster als das einzige und höchste Ideal eines rationalen Realitätsverständnisses anzusehen« (Wright 1974, 19). Droysen war der Erste, der die terminologische Unterscheidung von Erklären und Verstehen traf. (Vgl. Apel 1979, 15) Er differenzierte zwischen der physikalischen Wissenschaft, die erklärend verfuhr, und der historischen, die verstehend vorging. Doch ihren Ausgangspunkt nahm die Kontroverse um das naturwissenschaftliche Erklären und das geisteswissenschaftliche Verstehen bei Wilhelm Dilthey (1833-1911). (Vgl. Apel 1979, 17) Er hat diese Unterscheidung von Erklären und Verstehen aufgenommen und die Methode des Verstehens »als eine für die Geisteswissenschaften charakteristische Methode« (Wright 1974, 20) entwickelt, weil eine grundlegend andere Problemsituation in beiden Wissenschaftszweigen vorliege. (Vgl. Apel 1979, 59) Seit Dilthey erhebt die Geisteswissenschaft auch einen methodologischen Autonomieanspruch. (Vgl. Apel 1979, 21)

Mit dem Zeitalter und dem Siegeszug der rationalen Wissenschaften sah Dilthey das Ende des metaphysischen Zeitalters gekommen. (Vgl. Dilthey 1970, 102) Er bringt das Ende der Metaphysik mit dem Aufstieg der Geistes- und Sozialwissenschaften in engen Zusammenhang. In seiner Dilthey-Interpretation macht Karl-Otto Apel drei historische Entwicklungsphasen aus. In der ersten Phase, die »wahrscheinlich Jahrhunderttausende gedauert« habe, sei die menschliche

Erkenntnis ein vorwissenschaftliches Verstehen der Natur gewesen, das auf ein animistisches Weltbild zurückzuführen gewesen sei. Die zweite Phase der Denkgeschichte sei durch die Differenzierung der leb- und seelenlosen Naturdinge von den Geistwesen gekennzeichnet gewesen. Die Naturdinge konnten im antiken Griechenland durch Modelle oder in der Neuzeit durch Gesetze bestimmt werden. Die dritte Phase ist laut Karl-Otto Apel durch die Entstehung und Organisierung der Geistes- und Sozialwissenschaften gekennzeichnet. Die Wissenschaftler eröffneten sich eine neue Gegenstandswelt. In dieser dritten Phase findet sich Dilthey selbst wieder. (Vgl. Apel 1985, 290ff.)

Begründung der Geistes- und Sozialwissenschaften

Dilthey unterschied zwischen Natur- und Sozialwissenschaften, denn für ihn war die »Anwendung mathematischer Methoden auf die politische Ökonomie und andere Formen sozialwissenschaftlicher Untersuchung [...] ein Erbe der Aufklärung des achtzehnten Jahrhunderts, das von den Positivisten des neunzehnten Jahrhunderts bereitwillig aufgegriffen wurde« (Wright 1974, 20). Dabei sah er nicht nur die Unterschiedlichkeit der Gegenstände, sondern auch, dass die Objekte der Geistes- und Sozialwissenschaften zugleich deren Subjekte sind, was methodologisch unabsehbare Folgen haben musste. (Vgl. Apel 1979, 65) Die Naturwissenschaftler gingen von hypothetischen Annahmen aus, die dem Gegebenen, den Naturdingen etwas unterlegten. (Vgl. Dilthey 1970, 140) »In der äußeren Natur wird Zusammenhang in einer Verbindung abstrakter Begriffe den Erscheinungen untergelegt. Dagegen der Zusammenhang in der geistigen Welt wird erlebt und nachverstanden. Der Zusammenhang der Natur ist abstrakt, der seelische und geschichtliche aber ist lebendig, lebensgesättigt.« (Dilthey 1970, 142) In den Gegenständen der Geisteswissenschaften habe sich der Geist objektiviert, »Zwecke haben sich in ihnen gebildet, Werte sind in ihnen verwirklicht, und eben dies Geistige, das in sie hineingebildet ist, erfaßt das Verstehen. Ein Lebensverhältnis besteht zwischen mir und ihnen. Ihre Zweckmäßigkeit ist in meiner Zwecksetzung gegründet, ihre Schönheit und Güte in meiner Wertgebung, ihre Verstandesmäßigkeit in meinem Intellekt.« (Dilthey 1970, 141) In seiner Schrift *Der Aufbau der geschichtlichen Welt in den Geisteswissenschaften* schreibt er zu Beginn, dass er den Versuch unternehmen wolle, »das Wesen der Geisteswissenschaften zu erkennen und sie von den Naturwissenschaften abzugrenzen« (Dilthey 1970, 89). Allerdings sieht er auch deren Zusammenhang, wenn er sagt, dass es klar sei, dass »die Geisteswissenschaften und die Naturwissenschaften nicht logisch korrekt als zwei Klassen gesondert werden können durch zwei Tatsachenkreise, die sie bilden. Behandelt doch auch die Physiologie eine Seite des Menschen, und sie ist Naturwissenschaft« (Dilthey 1970, 92). Was ist gemeint? Karl-Otto Apel erläutert das in seiner Dilthey-Interpretation wie folgt:

»Nehmen wir z. B. an, die in der Astronomie heutzutage aufgestellten Geräte für den Empfang extraterrestrischer Signale werden plötzlich fündig: Lichtsignale erweisen sich als Träger einer zu entziffernden Nachricht. In diesem Fall kommt es eben zum plötzlichen qualitativen Umschlag eines naturwissenschaftlichen Problems der Beschreibung und nomologischen Erklärung von Daten (sc. Lichtwellen) in ein Problem des hermeneutischen Verstehens, beginnend mit der Entzifferung der Nachricht (Dekodierung der Message), endend möglicherweise mit der Begründung einer neuen, extraterrestrischen Disziplin der Kulturwissenschaften. Es kann dabei natürlich eine Kooperation zwischen der Astronomie bzw. Astrophysik und der neuen Geisteswissenschaft notwendig sein – so wie heute schon zwischen der Geologie bzw. Paläontologie und der Archäologie bzw. Prähistorie. Solche Kooperation hebt jedoch keineswegs die erkenntnistheoretischen und methodologischen Unterschiede auf; im Gegenteil: sie setzt ihre sorgfältige Berücksichtigung gerade voraus.« (Apel 1985, 309)

Die Differenz zwischen beiden Wissenschaftszweigen, den Natur- und den Geistes- und Sozialwissenschaften, besteht in der unterschiedlichen Gegenstandskonstitution. »Hier wie dort wird der Gegenstand geschaffen aus dem Gesetz der Tatbestände selber. Darin stimmen beide Gruppen von Wissenschaften überein. Ihr Unterschied liegt in der Tendenz, in welcher ihr Gegenstand gebildet wird. Er liegt in dem Verfahren, das jene Gruppen konstituiert. Dort entsteht im Verstehen ein geistiges Objekt, hier im Erkennen der physische Gegenstand.« (Dilthey 1970, 97)
Dilthey war der Auffassung, dass der Sozialwissenschaftler allein durch Beobachtung keinen Zugang zur sozialen Welt erhält. Dennoch sind auch die Geistes- und Sozialwissenschaften »echte Erfahrungswissenschaften. Auch sie sind [wie die Naturwissenschaften] auf Tatsachen gegründet, auf die Tatsachen des Bewußtseins.« (Gadamer 1985, 164) Der Sozialwissenschaftler muss der Lebenswelt seines Beobachtungsgegenstands selbst angehören. Nur so ist der Sinn von Handlungen überhaupt identifizierbar. Auf der Basis des eigenen Sinnhorizonts lässt sich der Sinn der Handlungen anderer verstehen. »Das Verstehen ist ein Wiederfinden des Ich im Du« (Dilthey 1970, 235) oder eine »verstehende Identifikation mit dem Anderen« (Apel 1979, 66). Das ist das hermeneutische Motiv Wilhelm Diltheys. Er war der Überzeugung, dass eine solche annäherungsweise Ermittlung des Sinns der Handlung eines anderen Menschen, der beobachtet wird, so vollzogen werden muss, dass ein Ich sich vorstellt, welches der Sinn seiner Handlung in einer ähnlichen Situation wäre. Der Beobachter erkenne nun – und darin liegt nach Dilthey das Wechselverhältnis (vgl. Dilthey 1970, 190) – die eigenen Sinnstrukturen umso besser, als er sie bei den anderen Menschen erkennt. »So lernt er sich auf dem Umweg des Verstehens selber kennen.« (Dilthey 1970, 99) Dies führt bei Dilthey wiederum dazu, dass der Beobachter die Sinnstrukturen bei den anderen besser erkennt usw. Das nennt Hans-Georg Gadamer die »Produktivität des hermeneutischen Zirkels« (Gadamer, Band 2, 224). Eine

philosophische Hermeneutik sagt nichts anders, als dass Verstehen nur möglich ist, indem »der Verstehende seine eigenen Voraussetzungen ins Spiel bringt« (Gadamer, Band 2, 109). Hermeneutik ist die Kunst des Verstehens, »die überall dort erfordert ist, wo der Sinn von etwas nicht offen und unzweideutig zutage tritt« (Gadamer, Band 2, 92). Hermes, der Götterbote, von dessen Namen der Begriff abgeleitet ist, hatte die Botschaften der Götter entweder wörtlich zu überbringen oder in eine für die Menschen verständliche Sprache zu übersetzen. Hermeneutik nun hat den unaufhebbaren und notwendigen Abstand »der Zeiten, der Kulturen, der Klassen, der Rassen – oder selbst der Personen« zu vermitteln. (Vgl. Gadamer, Band 2, 109) Sie »schließt stets eine Begegnung mit den Meinungen des anderen ein, die ihrerseits zu Worte kommen« (Gadamer, Band 2, 116). In einer Diskussion definierte Gadamer die Hermeneutik einmal als die tiefe Überzeugung, dass das Gegenüber auch etwas zu sagen habe. »Das Verstehen bewegt sich nach dieser Auffassung von vornherein auf einer höheren Reflexionsstufe als das naturwissenschaftliche Erkennen.« (Apel 1985, 302)
Was aber genau ist »Verstehen« nach Dilthey? Ist es der beschriebene Austausch zwischen Zweien? Ja, aber nicht nur das. Hier kommt darüber hinaus der in der Sekundärliteratur zu Wilhelm Dilthey vielfach erwähnte »objektive Geist« ins Spiel. Dazu sagt Dilthey:

»Der individuelle Gesichtspunkt, welcher der persönlichen Lebenserfahrung anhaftet, berichtigt und erweitert sich in der allgemeinen Lebenserfahrung. Unter dieser verstehe ich die Sätze, die in irgendeinem zueinandergehörigen Kreise von Personen sich bilden und ihnen gemeinsam sind. Es sind Aussagen über den Verlauf des Lebens, Werturteile, Regeln der Lebensführung, Bestimmung von Zwecken und Gütern. Ihr Kennzeichen ist, daß sie Schöpfungen des gemeinsamen Lebens sind. Und sie betreffen ebensosehr das Leben der einzelnen Menschen als das der Gemeinschaft. In der ersteren Rücksicht üben sie, als Sitte, Herkommen und in der Anwendung auf die einzelne Person als öffentliche Meinung, kraft des Übergewichtes der Zahl und der über das Einzelleben hinausreichenden Dauer der Gemeinschaft eine Macht über die Einzelperson und deren individuelle Lebenserfahrung und Lebensmacht, welche dem Lebenswillen der Einzelnen in der Regel überlegen ist.« (Dilthey 1970, 160)

Das nennt Dilthey die Objektivation des Geistes, womit etwas durchaus anderes gemeint ist als der objektive Geist Hegels, der bei diesem zwischen subjektivem und absolutem Geist steht. (Vgl. Dilthey 1970, 181) Hermeneutik muss mit dieser Objektivation des Geistes rechnen, der die auslegenden und forschenden Individuen beeinflusst und prägt. Dies zeigt sich insbesondere in der Geschichtswissenschaft. Die Geschichtsforscher »unterwerfen geschichtliche Personen, Massenbewegungen, Richtungen ihrem Urteil, und dieses ist von ihrer Individualität, der Nation, der sie angehören, der Zeit, in der sie leben, bedingt« (Dilthey 1970, 166). Darum also ist »Verstehen« sehr viel komplexer als der ursprünglich beschriebene Austausch zwischen Zweien. Das ist es zwar auch. »Das gegenseitige Verstehen versichert uns der Gemeinsamkeit, die zwischen den Individuen besteht.« (Dilthey 1970, 171) Doch es ist eben mehr: »Das Verstehen setzt ein Erleben voraus, und das Erlebnis wird erst zu einer Lebenserfahrung dadurch, daß das Verstehen aus der Enge und Subjektivität des Erlebens hinausführt in die Region des Ganzen und des Allgemeinen. Und weiter fordert das Verstehen der einzelnen Persönlichkeit zu seiner Vollendung das systematische Wissen, wie andererseits wieder das systematische Wissen abhängig ist von dem lebendigen Erfassen der einzelnen Lebenseinheit.« (Dilthey 1970, 173) Um ein Beispiel zu nennen: »Wenn Ranke in naiver Erzählerfreude den Dingen gegenüberzutreten scheint, so kann seine Geschichtsschreibung doch nur verstanden werden, wenn man den mannigfachen Quellen systematischen Denkens nachgeht, die in seiner Bildung zusammengeflossen sind.« (Dilthey 1970, 174) »So entsteht in der geisteswissenschaftlichen Arbeit an jedem Punkt derselben und zu jeder

Zeit eine Zirkulation von Erleben, Verstehen und Repräsentation der geistigen Welt in allgemeinen Begriffen.« (Dilthey 1970, 176)

Was nun ist zusammengefasst das Ensemble eines Gegenstandes aus den Geistes- und Sozialwissenschaften für Dilthey? Es umfasst Leben, Ausdruck, Verstehen, Gebärden, Mienen und Worte, in denen Menschen sich mitteilen, aber auch das Innerpsychische. (Vgl. Dilthey 1970, 98) »Eine Wissenschaft gehört nur dann den Geisteswissenschaften an, wenn ihr Gegenstand uns durch das Verhalten zugänglich wird, das im Zusammenhang von Leben, Ausdruck und Verstehen fundiert ist.« (Dilthey 1970, 99) Darum sei eine Kausalerklärung im Bereich der Geistes- und Sozialwissenschaften auch gänzlich undenkbar. (Vgl. Dilthey 1970, 187) Sie sei allein schon begriffslogisch ausgeschlossen, denn wir gingen bei den Gegenständen der Geistes- und Sozialwissenschaften von Menschen aus, die Handlungsfreiheit haben. »Als verstehende Ereigniserklärung genügt in keinem Fall die Voraussetzung plausibler Handlungsgründe.« (Apel 1985, 326) Zum Beispiel kann ein Mensch sich etwas vornehmen und eine Ereigniskette in Gang setzen. Der ursprünglich gefasste Entschluss muss aber nicht von vorn bis zum Ende die Ursache und die Wirkung verbinden. So geschieht es immer wieder bei Wahlprognosen. Die Befragten bekunden, zur Wahl gehen und eine bestimmte Partei wählen zu wollen. Auf dem Weg zum Wahllokal kommt Ärger über eine Entscheidung der präferierten Partei hoch und sie wählen anders. »Tatsächlich muß auch im Rahmen der Sozialwissenschaften – mit Max Weber – unterstellt werden, daß Handlungen als Ereignisse durch menschliche Intentionen – und insofern durch Handlungsgründe – verursacht werden: Doch die hier gemeinten Ursachen müssen von den natürlichen Ursachen der Naturereignisse, die durch Handlungen herbeigeführt werden, scharf unterschieden werden: Sie können nicht wie Ursachen im Sinne D. Humes zu den durch sie verursachten Handlungen in logisch-kontingenter Beziehung stehen – derart, daß nur eine prinzipiell falsifizierbare Gesetzeshypothese die Verbindung herstellen kann; sie müssen vielmehr zu den Handlungen in einer als sinn-notwendig verstehbaren Beziehung stehen.« (Apel 1985, 331) Wenn wir also davon ausgehen würden, dass es eine kausal-notwendige Ursache gibt, dann müsste unterstellt werden, dass sie den ganzen Prozess von Anfang bis Ende steuert. Das aber ist in dem gerade vorgestellten Beispiel nicht der Fall. Es liegt hier keine Durchgriffskausalität im Sinne David Humes vor. Wir sprechen darum von einer Grund-Folge-Relation. Ähnlich gelagert ist der Fall, den der Philosoph und Logiker Georg Henrik von Wright (1916–2003) anführt. Die Juden wurden im Mittelalter aus Deutschland ausgewiesen und in Polen aufgenommen. Sie ermöglichten den Aufschwung Polens unter Kasimir dem Großen. (Vgl. Wright 1974, 139f.) Auch hier kann man nicht sagen, dass die Ursache diese Wirkung erzielen sollte. Die Juden sind aus Deutschland ausgewiesen worden, damit das von ihnen vermeintlich bewirkte Unheil auf diese Weise von Deutschland abgewendet werden könnte. Oder ein Beispiel auf der individuellen Ebene: Eine Studentin wählt die Stadt X aus, um dort bei angesehenen Professoren ihres Fachs zu studieren. Dort lernt sie ihren Freund kennen. Es gibt auch hier kein durchgängiges Ursache-Wirkungs-Verhältnis, denn sie zog nicht nach X, um dort einen neuen Freund kennen zu lernen.

Zusammenfassend muss man festhalten, dass das Verstehen die kognitive Mehrleistung in den Erkenntnismethoden von Sozial- und Geisteswissenschaften ist. Mit der Unterscheidung zwischen Erklären und Verstehen hat Wilhelm Dilthey die Geistes- und Sozialwissenschaften auf der Grundlage einer spezifischen Erkenntnismethode konstituiert. Und dies muss – wie Karl-Otto Apel betont – »als echte und unwiderrufliche Entdeckung [Diltheys] betrachtet werden« (Apel 1985, 343). Dilthey gilt als Begründer der Geisteswissenschaften und hat ihnen »einen neuen, methodisch tragfähigen Sinn gegeben« (Orth 1985, 10). Aber es gibt auch einen Wermutstropfen, auf den Karl-Otto Apel hinweist: »Es braucht

nicht geleugnet zu werden, daß mit der angedeuteten Erweiterung des Wissenschaftsbegriffs Gefahren verbunden waren und immer noch verbunden sind: Gefahren im Sinne der rationalen Unkontrollierbarkeit der Methoden, der übersteigerten spekulativen Ansprüche oder des fließenden Übergangs von der Geistes-Wissenschaft in die weltanschauliche Konfessionsliteratur und in die ideologie-politische Agitation. Diesen Gefahren stehen jedoch ebenso unbestreitbar jene anderen gegenüber, die mit der szientistischen Restriktion verbunden waren und sind.« (Apel 1979, 73)
Fassen wir die methodischen Schritte oder die drei Hauptsätze - wie Dilthey sie nennt - am Schluss noch einmal zusammen: »Die Erweiterung unseres Wissens über das im Erleben Gegebene vollzieht sich durch die Auslegung der Objektivationen des Lebens, und diese Auslegung ist ihrerseits nur möglich von der subjektiven Tiefe des Erlebens aus. Ebenso ist das Verstehen des Singularen nur möglich durch die Präsenz des generellen Wissens in ihm, und dies generelle Wissen hat wieder im Verstehen seine Voraussetzung. Endlich erreicht das Verstehen eines Teiles des geschichtlichen Verlaufes seine Vollkommenheit nur durch die Beziehung des Teiles zum Ganzen, und der universal-historische Überblick über das Ganze setzt das Verstehen der Teile voraus, die in ihm vereinigt sind.« (Dilthey 1970, 185) Auch diese Vorgehensweise des Wechselspiels zwischen dem Teil und dem Ganzen wird als »hermeneutischer Zirkel« charakterisiert, den Gadamer als produktiv für die geisteswissenschaftliche Forschung bezeichnet. (Vgl. Gadamer, Band 2, 109) Droysen beschrieb den hermeneutischen Zirkel übrigens ebenso: »Das einzelne wird verstanden in dem Ganzen und das Ganze aus dem einzelnen.« (Zitiert nach Apel 1979, 16)

Der Soziologe Max Weber (1864–1920) hat die Unterscheidung von Erklären und Verstehen aufgenommen. Seine bekannte Definition der Soziologie im § 1 von *Wirtschaft und Gesellschaft* lautet: »Soziologie [...] soll heißen: eine Wissenschaft, welche soziales Handeln deutend verstehen und dadurch in seinem Ablauf und seinen Wirkungen ursächlich erklären will. ›Handeln‹ soll dabei ein menschliches Verhalten (einerlei ob äußeres oder innerliches Tun, Unterlassen oder Dulden) heißen, wenn und insofern als der oder die Handelnden mit ihm einen subjektiven Sinn verbinden. ›Soziales‹ Handeln aber soll ein solches Handeln heißen, welches seinem von dem oder den Handelnden gemeinten Sinn nach auf das Verhalten anderer bezogen wird und daran in seinem Ablauf orientiert ist.« (Weber 1976, 1) Sinnverstehen bedeutet im Gegensatz zum Erklären von nomologischen Gesetzen, dass jedem Verhalten ein Sinn unterlegt wird. Verhalten plus Sinn nennen wir Handeln. Den Sinn gilt es zu ermitteln, also zu verstehen. (Weber 1922, 189) Deshalb die Bezeichnung »verstehende Soziologie«. Gleiche beobachtbare Handlungen können unterschiedlichen Sinn haben. Stellen wir uns vor, wir sehen einen Menschen Holz hacken. Im einen Fall könnte er sich Vorräte für den Winter schaffen, im anderen Fall könnte er der alten Nachbarin einen Gefallen tun und im dritten Fall könnte er Holz hacken zum Zweck seiner eigenen Körperertüchtigung. In allen Fällen ist das beobachtbare Verhalten dasselbe.

Kulturmenschen, sagt Max Weber weiter, können zur Welt bewusst Stellung beziehen, d. h., ihr einen Sinn verleihen. (Vgl. Weber 1922, 180) Sinn bedeutet immer einen subjektiv gemeinten Sinn (vgl. Weber 1976, 1), der tatsächlich oder idealtypisch sein kann. Der Idealtypus ist ein theoretisches Konstrukt, das der besseren Erfassung der Wirklichkeit dient. (Vgl. Weber 1922, 190) Das meint Max Weber im Sinne Kants und dessen Sentenz in der *Kritik der reinen Vernunft*: »Gedanken ohne Inhalt sind leer, Anschauungen ohne Begriffe sind blind.« (B 75; vgl. dazu Weber 1922, 208) Ohne idealtypische Begriffe könne die Wirklichkeit nicht erkannt werden. Als Beispiel mögen die Vorgänge auf dem tauschwirtschaftlich organisierten Gütermarkt dienen, die idealtypisch (also nicht unbedingt de facto) unter freier Konkurrenz und streng rationalem Handeln ablaufen. An einem solchen Idealtypus - der allerdings nicht ideal im Sinne von bestmöglich sein muss - muss sich die Wirklichkeit messen lassen. Auf diese Weise können Abweichungen festgestellt werden. Kommen wir mit dem idealtypischen Bild eines Verwaltungsbeamten in ein Büro und sehen, dass der Beamte arbeitet, sind wir verwirrt und stellen eine Abweichung vom Idealtypus fest.

Die Orientierung am erwartbaren Verhalten anderer (vgl. Weber 1976, 11) steuert das Handeln. Ein solches Handeln nennt Max Weber rational. Rational bedeutet, dass das Handeln auf etwas Grundlegendes rückführbar ist. Es ist entweder zweckrational, dann ist es auf die Erwartung des Verhaltens von Gegenständen der Außenwelt und anderer Menschen zurückzuführen; oder es ist wertrational, dann liegen ihm kulturelle Werte zugrunde (vgl. Weber 1976, 12), wobei man sagen muss, dass das erwartete Verhalten anderer Menschen, an dem man sich orientiert, ebenfalls an solchen zugrunde liegenden kulturellen Werten orientiert ist. Die Orientierung geschieht durch das, was Dilthey die Objektivation des Geistes nennt. In jedem Fall muss das rationale Handeln der Menschen sich entweder an den anderen oder an der Objektivation des Geistes orientieren. Wie aber diese Orientierung erfolgen kann, wie die Intentionen ermittelt werden können, ist eine Frage an die Hermeneutik. Die Möglichkeit, die Intentionen zu ermitteln, wird durch die Hermeneutik gegeben, die im Dilthey-Kapitel dargestellt wurde.

Ich will die Konsequenz aufzeigen, die der Philosoph Karl-Otto Apel (geb. 1922) daraus gezogen hat. Apel hat die Erklären-Verstehen-Kontroverse – wie wir im Dilthey-Kapitel sehen konnten – aufgearbeitet und kommentiert. Er ist auch derjenige, der die wohl aktuellste Position in dieser Sache vertritt. Seine Äußerungen dazu stammen aus den Siebziger- und Achtzigerjahren des 20. Jahrhunderts, also einer Zeit, in der die Debatte vor dem Hintergrund der Rezeption der analytischen Philosophie mit szientistischer Ausrichtung in Deutschland stattfand. (Vgl. Apel 1985, 303) In diesem Kontext wurde die Erklären-Verstehen-Debatte erneut virulent. Für Apel lautet das Ergebnis des Disputs über Erklären und Verstehen folgendermaßen:

»Es wird jetzt [...] davon ausgegangen, daß schon auf der Ebene des vorwissenschaftlichen Welt-Vorverständnisses eine systematisch rekonstruierbare Voraussetzung dafür angetroffen wird, daß auf der Ebene normativ präzisierbarer Methodologie nicht nur theoretische Erklärungen (›explanatory arguments‹) als Systematisierung objektivierender Erkenntnis (technologisch relevanten Verfügungswissens) möglich wird, sondern [...] auch Argumente im Sinne einer methodologisch-relevanten (insofern hermeneutischen) Ausarbeitung des primär intersubjektiv-kommunikativen Verstehens der Sinn-Intentionen [...]. Unter dieser Voraussetzung wird es m. E. möglich, die eigentlich hermeneutischen Erkenntnisleistungen der im 19. Jahrhundert sogenannten ›Geisteswissenschaften‹ nicht als konkurrierende Alternative zur theoretisch-objektivierenden Ereignis-Erklärung, sondern eher als methodologisch relevante Ausarbeitung der vorwissenschaftlichen Verständigung in praktischer Absicht (einschließlich der Traditionsvermittlung) ins Auge zu fassen.« (Apel 1979, 156)

Welches ist nun das »vorwissenschaftliche Welt-Vorverständnis«, das Apel in seiner *Transformation der Philosophie* ausgearbeitet hat? Er führt dort aus: Selbst wenn die Wissenschaftler davon ausgehen würden, dass sie nichts voraussetzen als die wissenschaftlichen Sätze, müssen diese irgendwie zustande gekommen sein. Es muss also eine vorwissenschaftliche Selbstverständigung der Wissenschaftler geben, die darauf hinausläuft, wissenschaftliche Sätze zu produzieren, die für andere verständlich sind, und sie müssen sich über wissenschaftliche Wahrheitsansprüche verständigen wollen, d. h., der Wahrheitsanspruch »kann nicht überprüft werden, ohne im Prinzip eine Gemeinschaft von Denkern vorauszusetzen, die zur intersubjektiven Verständigung und Konsensbildung befähigt sind« (Apel 1973/2, 399). An die Stelle der transzendentalen Apperzeption Kants als des höchsten Punkts der Erkenntnis tritt für die Transzendentalpragmatiker die Gemeinschaft der Argumentierenden. Jeder Wissenschaftler müsse nun weiterhin anerkennen, dass seiner wissenschaftlichen Argumentation die Moral der Verständigung zugrunde liege. Jeder Wissenschaftler müsse Interesse an einer solchen Verständigung haben, weil es für keinen Wissenschaftler, sei er nun Natur- oder Geisteswissenschaftler, Sinn macht, zu sagen, dies oder jenes ist wahr, weil ich das so will. Er stünde bald sehr allein außerhalb der »community of investigators«. (Vgl. Luhmann 1990, 221) Auch die Positivisten comtescher Prägung müssten eine Verständigungsgemeinschaft anerkennen, die, damit sie funktioniert, eine Grundregel haben muss, beispielsweise: »Wechselseitige Anerkennung aller Mitglieder als gleichberechtigte Diskussionspartner.« (Apel 1973/2, 400) Damit ist zweierlei gemeint. Jede Argumentationsgemeinschaft habe die folgenden moralischen Regeln zu ihrer Grundlage: erstens die wechselseitige Anerkennung aller und zweitens das Ernstnehmen des Gegenübers. Nur wenn ich mein Gegenüber ernst nehme, habe ich überhaupt Interesse, ihm meine wissenschaftlichen Ergebnisse mitzuteilen, mit ihm in einen Disput einzutreten, mit ihm zu streiten. Die von Apel aufgestellte Regel gilt sowohl für die Natur- wie für die Geisteswissenschaftler.

Für diese notwendigerweise anzuerkennende moralische

Grundnorm der Argumentationsgemeinschaft erhebt Apel einen transzendentalpragmatischen Letztbegründungsanspruch: »Wer argumentiert, der anerkennt implizit alle möglichen Ansprüche aller Mitglieder der Kommunikationsgemeinschaft, die durch vernünftige Argumente gerechtfertigt werden können [...], und er verpflichtet sich zugleich, alle eigenen Ansprüche an Andere durch Argumente zu rechtfertigen.« (Apel 1973/2, 424f.) Auch das gilt für beide Wissenschaftszweige. Ein Beispiel für die Naturwissenschaften: Einstein diskutierte, nachdem er die Relativitätstheorie formuliert hatte, mit anderen Wissenschaftlern, bis der empirische Beweis für seine Theorie erbracht war und von allen anerkannt wurde. (Vgl. Hawking 2001, 49; Fölsing 1995, 488ff.) Für die Geisteswissenschaften kann man als Beispiel den transatlantischen Disput über die Frage, was ein gerechter Krieg ist, anführen. (Vgl. Süddeutsche Zeitung 2002, 13)

Die Argumentationsregeln hätten eine »unhintergehbare, absolut sichere Basis für philosophische Begründung [...], denn es ergibt sich, daß ich die Geltung der Argumentationsregeln nur dann wirklich bestreite, wenn ich ihre Geltung zugleich anerkenne« (Kuhlmann 1981, 56). Das ist der geniale Schachzug Apels: Wenn man *gegen* sein Konzept argumentiert, argumentiert man dennoch und durch diesen Akt der argumentativen Kritik *für* sein Konzept. Selbst wenn der Skeptiker sage, dass er als überzeugter Skeptiker nicht argumentiere und nicht am Sprachspiel der heutigen Gesellschaft teilnehme, habe er sich mit diesen Worten bereits auf die Argumentationsgemeinschaft eingelassen. Man könne ihm nämlich einen »performativen Selbstwiderspruch« (Apel 1988, 354) nachweisen, der folgendermaßen aussieht: Wer sich überhaupt argumentativ äußere (und das tue jeder, weil unser Denken schon argumentativ angelegt sei), akzeptiere die Argumentationsregeln der Kommunikationsgemeinschaft, die Anerkennung und das Ernstnehmen des Gegenübers, denn sie könnten nur bestritten werden, wenn ihre Geltung zugleich anerkannt werde. Jeder, der gegen diese Konzeption argumentiere, ließe sich zugleich darauf ein. Wer diesen logischen Schritt nicht einsehe, der wird - so glaubt Apel - ein »kaum auszudenkender pathologischer Extremfall sein« (Apel 1988, 356). Karl-Otto Apel hat also eine unabdingbare Voraussetzung für beide Wissenschaftszweige entdeckt, die dem Gegenstandsbereich der Geisteswissenschaften zuzuordnen ist und auch nur vermöge der Verstehensmethode von ihm zu ermitteln war: Denn es handelt sich bei dem transzendentalpragmatischen Letztbegründungsprinzip als der unhintergehbaren Grundnorm der Argumentationsgemeinschaft um eine von Dilthey so genannte Objektivation des Geistes, die die Wissenschaft betreibenden Forscher beeinflusst und prägt.

3. Zum Verhältnis von Soziologie und Sozialphilosophie

Zur selben Zeit, als sich die bis hierher beschriebenen Geistes- und Sozialwissenschaften als eigenständiger Zweig gegenüber den Naturwissenschaften entwickelten, bildete sich auch die Sozialphilosophie heraus. Es ist in einer Monographie zu diesem Thema wichtig, das schwierige Verhältnis von Sozialphilosophie und Soziologie zu erläutern. Ich will in diesem Kapitel historisch vorgehen. Systematisch habe ich den Zugang zur Sozialphilosophie im moralphilosophischen Kontext erörtert, als es mir um eine Klärung von »Moral« und anderen praktisch-philosophischen Begriffen, wie »Recht« und »Konvention«, in der Gegenwart ging. (Vgl. Horster 1999, 44)

Der Sache nach gab es Sozialphilosophie bereits, bevor der Begriff verwendet wurde. Axel Honneth sieht ihren Anfang in der Philosophie Rousseaus. (Vgl. Honneth 1994a, 18) Sicher könnte man noch andere Philosophen der beginnenden Neuzeit nennen, wie unter anderen Thomas Hobbes und John Locke, die sich dem Verhältnis von Individuum und Gesellschaft und den daraus entstehenden Pathologien zuwandten. Mit diesem Thema der Sozialphilosophie werde ich mich im fünften Kapitel dieser Monographie beschäftigen. Die Pathologien, die Axel Honneth meint, sind z. B.: Entzweiung, Verdinglichung, Entfremdung, Nihilismus, Gemeinschaftsverlust, Entzauberung, Entpersönlichung, Vermarktung oder kollektive Neurose. (Vgl. Honneth 1994 a, 51)

Das Verhältnis von Individuum und Gemeinschaft wie auch soziale Pathologien bildeten den Ausgangspunkt für sozialphilosophische Betrachtungen. Vermarktung oder Ausbeutung waren z. B. für Karl Marx der Anlass seiner Analysen, und zwar in Form höherer Reflexivität, wie Hösle sagt. (Vgl. Hösle 1999, 125) *Dass* die Arbeiter ausgebeutet wurden, wussten sie.

Doch sie wollten wissen, *wie* das geschah. Darum drängte Engels Marx, sein »nationalökonomisches Buch« fertig zu stellen. Engels schrieb: »Die Propaganda unterderhand war auch nicht ohne Früchte – jedesmal wenn ich nach Köln, jedesmal wenn ich hier in eine Kneipe komme, neue Fortschritte, neue Proselyten. Die Kölner Versammlung hat Wunder getan – man entdeckt allmählich einzelne kommunistische Cliquen, die sich ganz im stillen und ohne unser direktes Zutun entwickelt haben. [...] Was uns jetzt aber vor allem not tut, sind ein paar größere Werke, um den vielen Halbwissenden, die gern wollen, aber nicht allein fertig werden können, einen gehörigen Anhaltspunkt zu geben. Mach, daß Du mit Deinem nationalökonomischen Buch fertig wirst. [...] Die Gemüter sind reif.« (Marx/Engels 1972, 11 f.) Es war also stets das Bedürfnis der Sozialphilosophen und Soziologen, die gesellschaftlichen Bewegungsgesetze mit wissenschaftlichen Methoden zu erkennen. Dies konnte nicht mehr metaphysisch-spekulativ geschehen, vielmehr musste man von empirischen Analysen oder von Erfahrungen ausgehen, um valide Ergebnisse zu erhalten. Marx und Engels waren in dieser Hinsicht nur ein Beispiel. Comte, der erste Soziologe, war im Umfeld unterschiedlicher Entwicklungsprognosen über die Gesellschaft gezwungen, ein Entwicklungsgesetz zu finden, auf dessen Basis man auf die Zukunft schließen konnte. Wenn man einen kontinuierlichen Verlauf der bisherigen Geschichte ausmachen könne, müsse man auch auf ihren zukünftigen schließen können, lautete Comtes Auffassung. Er war, wie wir gesehen haben, nicht der Einzige mit dieser Ansicht.

Neben den auftretenden sozialen Pathologien markierte das Verhältnis von Individuum und Gemeinschaft den anderen Startpunkt für sozialphilosophisches Forschen. Thomas Hobbes ging es darum, das Zusammenwirken der vereinzelten Individuen im Staat zu ergründen. Das Gemeinwohl, das durch den Souverän garantiert wird, zielt auf das Wohl des einzelnen Menschen. Es war das zentrale Anliegen von Hobbes, einen auf der Freiheit der Individuen basierenden

Staat zu konstituieren. Die Individuen sollten sich nach kontraktualistischer Auffassung nun freiwillig einem Souverän unterwerfen, der dafür zu sorgen hatte, dass ihre individuellen Bedürfnisse und Interessen zur Geltung kamen. In dieser Hinsicht kann man bereits Thomas Hobbes als Sozialphilosophen bezeichnen. Und Rousseaus Bemühen richtete sich in seinem *Contrat social* (1. Buch, 6. Kap.) auf die Beantwortung der Frage, wie man eine Gesellschaftsform finden könne, in der jeder mit allen vereinigt sei und dennoch nur sich selbst gehorche und so frei bleibt wie vor der gesellschaftlichen Vereinigung. Hobbes und Rousseau sind Handlungstheoretiker. Man kann in der Geschichte der Sozialphilosophie grundsätzlich zwei Richtungen ausmachen: Handlungs- und Systemtheorie. Auf der einen Seite steht die Auffassung, dass Menschen ihre Geschichte durch bewusstes Handeln selbst machen können, auf der anderen die Auffassung, dass die Menschen durch die sozialen Verhältnisse, denen ein von Menschen nicht beeinflussbarer gesetzmäßiger Bewegungsmechanismus inhärent ist, beherrscht werden. Innerhalb ihrer Gesellschaftsanalysen wechseln Marx und Weber ihre Auffassungen. Sie entwickeln sich von Handlungs- zu Systemtheoretikern.

Abgesehen von einigen früheren Formen der Sozialphilosophie, die ich eben erwähnt habe, wird man deren Entstehung im letzten Jahrzehnt des 19. Jahrhunderts ansiedeln müssen. Zwar gebrauchte Moses Heß den Begriff »Sozialphilosophie« 1843 in seiner *Philosophie der Tat*. Er reservierte ihn allerdings für die Bezeichnung der Philosophie der französischen Sozialisten. (Vgl. Heß 1972, 37) Erst ab 1894 wird der Begriff von Georg Simmel und Rudolf Stammler diskutiert, ausgefüllt und in Umlauf gebracht. Von beiden wird der Charakter der Sozialphilosophie als normativ und deskriptiv zugleich bestimmt. Es soll an soziale Tatsachen angeknüpft werden, und zwar so, dass sie den normativen Zielen entsprechend verändert werden. Seither findet der Begriff »Sozialphilosophie« breitere Verwendung.

Auf dem ersten Deutschen Soziologentag, im Jahr der Gründung der »Deutschen Gesellschaft für Soziologie«, 1910, hielt Ferdinand Tönnies die Eröffnungsrede. Er vertrat die Auffassung, dass die Soziologie in erster Linie eine philosophische Disziplin sei. Er bestimmte die Sozialphilosophie als eine rein deskriptive Wissenschaft. Soziologie und Sozialphilosophie sollten wertfrei forschen und sich nur dem widmen, was ist, und nicht dem, was sein soll. Damit brachte Tönnies Soziologie und Sozialphilosophie zur Deckung, wogegen sich René König mit unerhört scharfen Worten verwahrte. Sozialphilosophie sei »nur eine Philosophie statt der Soziologie, die sich zudem durch eine ungewöhnliche Armseligkeit in der Formulierung brauchbarer theoretischer Hypothesen auszeichnete« (König 1958, 91). Adorno setzte dagegen, dass Sozialphilosophie - wie schon für Tönnies - mit Soziologie identisch sei; für ihn deckt sich »›Sozialphilosophie‹ [...] weithin mit ›kritischer Gesellschaftstheorie‹« (Adorno 1972, 538). Adorno hat also einen normativen Bezugspunkt. Die Soziologie soll nach seiner Auffassung mit der Problembeschreibung zugleich zur Problembehebung beitragen. Seither wurde der Begriff »Sozialphilosophie« mit unterschiedlichen Konnotationen in Soziologie und Philosophie gebraucht, bis Horkheimer ihn als erster Vertreter der Kritischen Theorie 1931 näher bestimmte.[6] Der Titel seiner Antrittsvorlesung lautet *Die gegenwärtige Lage der Sozialphilosophie und die Aufgaben des Instituts für Sozialforschung*. Horkheimer macht darauf aufmerksam, dass die Sozialphilosophie zu dieser Zeit im Mittelpunkt eines allgemeinen philosophischen Interesses stehe, und er erklärt das folgendermaßen: Als das letzte Ziel der Sozialphilosophie gelte »die philosophische Deutung des Schicksals der Menschen, insofern sie nicht bloß Individuen, sondern Glieder einer Gemeinschaft sind. Sie hat sich daher vor allem um solche Phänomene zu bekümmern, die nur im Zusammenhang mit dem gesellschaftlichen Leben der Menschen verstanden werden können: um Staat, Recht, Wirtschaft, Religion, kurz um die gesamte materielle und geistige Kultur der Menschen überhaupt.« (Horkheimer 1988, 20)

Die Kritische Theorie erhob, im Gegensatz zur traditionellen Gesellschaftstheorie, die ich im zweiten Kapitel erörtert habe, darüber hinaus den Anspruch, ihr normatives Telos offen zu legen. Es war das Interesse an Emanzipation. Vertreter der Kritischen Theorie suchten und fanden zu ihrer Plausibilisierung einen vorphilosophischen Bezugspunkt, der ihnen evident war. Für eine emanzipatorische Gesellschaftstheorie wie die Kritische Theorie musste das etwas sein, was als soziales Problem sichtbar und wirksam war und das Interesse an Emanzipation trägt. Dadurch unterscheidet sich die Kritische Theorie von soziologischen Theorien, nicht etwa durch die »Überlegenheit soziologischer Erklärungsgehalte oder im philosophischen Begründungsverfahren« (Honneth 1994c, 81).

Vertreter der Kritischen Theorie sahen, dass die gesamtgesellschaftliche Ordnung durch das Missverhältnis von Arm und Reich sowie durch Unterdrückung und Ausbeutung gestört war. Unterdrückung und Ausbeutung waren vor allem für die Mitglieder der Arbeiterklasse spürbar, wie Engels Marx berichtet hat. Angestrebt wurde deshalb eine herrschaftsfreie Gesellschaft. Eine solche Idealgesellschaft stellte das normative Telos für die Forschungen der Kritischen Theorie dar. Für die traditionelle Kritische Theorie Horkheimers und Adornos bildete das Proletariat, das seinen Protest gegen Unterdrückung und Ausbeutung artikulierte, den vorphilosophischen Bezugspunkt. Für Adorno war deshalb das Entfremdungskapitel des marxschen *Kapitals* von zentraler Evidenz. (Vgl. Horkheimer 1988, 89)

Jürgen Habermas, Horkheimers Nachfolger auf dem Lehrstuhl für Sozialphilosophie, den ich später noch als Vertreter der Handlungstheorie vorstellen werde, wechselte vom marxistischen Produktionsparadigma zum Paradigma kommunikativen Handelns, »in dessen Rahmen deutlich werden soll, daß nicht in der gesellschaftlichen Arbeit, sondern in der sozialen Interaktion die Bedingungen gesellschaftlichen Fortschritts angelegt sind« (Honneth 1994c, 82). Das Kommunikationsparadigma ist nach Habermas' Auffassung zum einen konstitutiv, ermöglicht die reale Interaktion und ist somit soziologisch zu ermitteln, zum anderen ist es ein regulativ-emanzipatorisches Prinzip, denn in ihm steckt der Vorschein auf eine zukünftige herrschaftsfreie Gesellschaft, in der jede und jeder das gleiche Recht hat, zu befehlen und sich zu widersetzen, zu erlauben und zu verbieten, Rechenschaft abzulegen und zu verlangen usw. Das wäre eine Gesellschaft, in der die Chancenverteilung in jeder Hinsicht gleich ist. Das Regulativ des Kommunikationsparadigmas ist Habermas' normativ-philosophisches Element.

Der Nachteil dieses Paradigmas ist laut dem nächsten Nachfolger auf dem Lehrstuhl für Sozialphilosophie in Frankfurt am Main, Axel Honneth, dass es in der letztgenannten Hinsicht zwar einen emanzipatorischen Gehalt hat, der aber dennoch nicht unbedingt für die Verletzten als Verletzung erfahrbar werde. Es könnte mangelnde sprachliche Kompetenz auf der Gegenseite angenommen werden und nicht unbedingt eine erfahrbare Verletzung der Betroffenen, die ein Bedürfnis nach Gesellschaftsveränderung wach werden ließe. (Vgl. Honneth 1994c, 85; anders Benhabib 1995, 65)

Erst die lang anhaltende Massenarbeitslosigkeit und die Dauerleiden der Betroffenen ließen - laut Honneth - den Gedanken an ein neues Paradigma aufkommen. Arbeitslose leiden unter Missachtung oder zumindest unter einem Mangel an Achtung und Anerkennung. Daraus zieht Honneth den Schluss, dass die wechselseitige soziale Anerkennung die dem sozialen Interaktionsprozess zugrunde liegende normative Erwartung ist. Bleibt die als verdient angenommene Anerkennung aus, erfahren die vergesellschafteten Subjekte das als Missachtung, als Verletzung. Die Menschen entwickeln in solchem Falle moralische Gefühle wie Wut und Empörung. Hiermit hat Honneth nach seiner Ansicht einen evidenten Ausgangspunkt für die gegenwärtige Weiterentwicklung der Kritischen Theorie gefunden. Der Protest habe einen zukunftsweisenden Gehalt, nämlich den einer Gesellschaft, die unter allen Menschen eine gleiche und wechselseitige Ach-

tung garantiert. Deutlich ist in den letzten Äußerungen von Honneth der von Horkheimer geforderte normative Gehalt zu erkennen, der Sozialphilosophie kennzeichnen soll.
Erhebt nun die Kritische Theorie - wie Adorno sagte - den Anspruch, Soziologie zu sein, wird ihr das von Soziologen, wie beispielsweise von Niklas Luhmann, der eine deskriptive Ausrichtung vertritt, abgesprochen. Honneth, der normativ vorgeht, ist wie Habermas der Auffassung, dass eine Gesellschaftsanalyse nur durchgeführt werden kann, wenn man erstens das Ideal einer gerechten Gesellschaft als normativen Maßstab der Analyse vor Augen habe. Man müsse zweitens angeben, welche Mechanismen in der unzulänglichen Gesellschaft die Weiterentwicklung verhindern, und man müsse drittens zugleich das Entwicklungspotenzial aufzeigen, das man zu entfalten habe. (Vgl. Honneth 1994b, 11) Die Bezugnahme auf etwas Normatives, mit der eingangs genannten traditionellen Begriffsfüllung, wird von der Systemtheorie inkriminiert. Luhmann will demgegenüber »eine nüchterne, unbefangene Würdigung der Wirklichkeit« erstellen (Luhmann 1973, 277), denn dass es trotz gesellschaftlicher Ordnung immer wieder zu Problemen kommt, lasse vermuten, dass ein beharrendes Moment in der Gesellschaftsordnung stecke, über das der euphorische Blick auf das Telos einer besseren Gesellschaft hinwegzutäuschen drohe. Luhmann muss man entgegenhalten, dass auch er ein Telos für die Ausarbeitung seiner Theorie beansprucht; es ist die Aufrechterhaltung der gesellschaftlichen Ordnung durch von Menschen nicht beherrschbare Gesetze, die allerdings durch soziologische Forschung erkannt werden könnten. (Vgl. Horster 1997, 19) Marx hat in seiner Kapitalismusanalyse solche Gesetze ebenfalls sichtbar gemacht. Wie auch immer: Sozialphilosophen analysieren zunächst die Gesellschaft, indem sie die historische Entwicklung bis zur Gegenwart betrachten, und dann reflektieren sie die mögliche Weiterentwicklung. Soziale Entwicklungen werden der einen Seite zufolge durch menschliches Handeln bewirkt, bei der anderen durch nicht oder

kaum beeinflussbare Entwicklungsgesetze. Beide Theoriestränge wie auch die Entwicklung von der Handlungs- zur Systemtheorie bei Marx und Weber werden im nun folgenden vierten Kapitel dargestellt werden.

4. Handlungs- und Systemtheorie

KARL MARX

Geschichtsverlauf und Gesellschaftsanalyse

»Selbst wenn das Wort schon gängig gewesen wäre, Marx hätte sich nicht Soziologe genannt. Philosophie und Politische Ökonomie waren seine Metiers. Mit zunehmender Reife sah er sich vornehmlich als Ökonom. Indes ist der Kerngedanke seiner [...] politischen Ökonomie eine Theorie des sozialen Wandels.« (Dahrendorf 1999, 60) Marx vermag im *Kapital* zu zeigen, wie sich aus ursprünglich zielgerichteten menschlichen Handlungen im Verlauf der Geschichte ein autopoietisches System entwickelt.[7] Im Vorwort zur *Kritik der politischen Ökonomie* schreibt er, dass die Entwicklungsformen der Produktivkräfte in Fesseln derselben umschlagen und gesellschaftsveränderndes Handeln nicht mehr zulassen. (Vgl. MEW 13, 9) Marx war aber zunächst Handlungstheoretiker. Geschichte und in ihr die verschiedenen Gesellschaftsformationen werden nach seiner ursprünglichen Ansicht von Menschen gemacht. Noch zur Zeit der Abfassung des *Kommunistischen Manifests* 1848 ist er von der Veränderung der Gesellschaft durch menschliches Handeln überzeugt, denn die Geschichte sei nichts anderes als die Geschichte von Klassenkämpfen. (Vgl. MEW 4, 462) Besonders erstaunlich ist, dass er selbst *nach* seinen Forschungen für die *Kritik der politischen Ökonomie* (1859) und für *Das Kapital* (1867) die Überzeugung vertrat, dass Menschen gezielt Geschichte machen könnten. Diese unterschiedlichen Sichtweisen von Marx kann man auch nicht erklären, indem man, bezugnehmend auf die *Kritik der politischen Ökonomie*, seine Schriften in vorkritische und kritische

einteilt – wie Helmut Fleischer (vgl. Fleischer 1978, 157) das tut –, denn dann müsste man die späteren Schriften, in denen Marx wieder zum Handlungsoptimismus zurückkehrt, auch zu den vorkritischen Schriften rechnen, obwohl sie »nachkritische« sind. Dass die Menschen ihre Geschichte machen, hat er in den Tagen der Pariser Kommune im Jahre 1871 bekannt und in den Schriften und Adressen zum *Bürgerkrieg in Frankreich* niedergelegt. Darum sind heute auch noch viele der Auffassung, dass ein durchgängiges Merkmal seiner Theorie ihr »revolutionärer Charakter« sei. (Vgl. Dahrendorf 1999, 63)
Ich bin in diesem Punkt anderer Ansicht und werde das im Folgenden belegen. Dahrendorf konstatiert, dass nahezu alle Marx-Interpretationen an die idealistische Utopie von Marx und »nicht an seine ökonomisch-materialistischen Analysen anknüpften« (Dahrendorf 1999, 68). Das mag so sein. Doch ich verfahre hier anders: Ich will zeigen, dass Marx sich im Verlauf seiner Darstellung vom Handlungs- zum Systemtheoretiker wandelte. Das ist der sozialphilosophisch interessante Prozess, den ich mithilfe seiner eigenen Darstellung nachvollziehen werde. Habermas konstatiert: »Man kann die Theoriegeschichte seit Marx als Entmischung von zwei Paradigmen auffassen, die nicht mehr zu einem zweistufigen, System und Lebenswelt verknüpfenden Konzept der Gesellschaft integriert werden konnten. [...] Deshalb ist es von hohem Interesse, zu beobachten, wie die beiden Linien der Theoriegeschichte bei Parsons wieder zusammenlaufen.« (Habermas 1981b/2, 303) Dazu komme ich dann später. Zunächst zur »Entmischung« bei Marx.
Methodischer Ausgangspunkt der marxschen Theorie »ist die Annahme, dass die Geschichte der Menschheit erkennbaren Gesetzen folgt« (Dahrendorf 1999, 60). Diese Interpretation von Dahrendorf ist zweifelsfrei richtig. Marx zeichnete den Geschichtsprozess und die Entwicklung von Sozialformen anhand des Warentausches.[8] Er zeigte, dass in dem Moment, wo die Menschen ihre Produkte tauschen, sie ihnen einen Wert beigeben. Die Gebrauchswerte erhalten eine zusätzliche Qua-

lität, nämlich die, einen Wert zu haben. Der Wert macht es möglich, dass die Produkte sich auf dem Warenmarkt bewegen können, was sie auch müssen, denn sie sollen ja getauscht werden. Die Bewegung erscheint den Menschen im Verlauf der weiteren Entwicklung der Warenzirkulation als gottgegeben und natürlich. Sie sähen dabei nicht, meinte Marx, dass sie selbst es waren, die den Produkten diese Werteigenschaft angeheftet haben.

Der Tausch und das Denken der Menschen sind dabei übrigens keine entgegengesetzten Pole, sondern es handelt sich um ein wechselseitiges Produktionsverhältnis von Daseins- und Bewusstseinsformen, denn zunächst war es nötig, für den Tausch eine Größe zu finden, die es möglich machte, qualitativ verschiedene Dinge quantitativ gleichzusetzen. Diese Größe setzte die Abstraktion von den Besonderheiten der Produkte voraus. Sie besteht zuvörderst nur im Kopf der Menschen. Später wird daraus in der Wirklichkeit die Vergegenständlichung des Werts. Diese Realabstraktion in Gestalt des Geldes ist weder einfach da, sie wird also weder allein vom Sein her gesetzt, noch haben die Menschen eine bewusste Setzung vorgenommen. Doch in der Denkweise vollzieht sich mit diesem in der Wirklichkeit sich durchsetzenden Prinzip immer stärker die Abstraktionsfähigkeit des Menschen. Wir können hier mit Max Weber und Jürgen Habermas von einem Rationalisierungsprozess sprechen. Das Vermögen des abstrakten Denkens, das Vermögen der Vernunft also, das sich mit der Geldentwicklung herausbildet, ist Voraussetzung für die Entwicklung des Kapitalverhältnisses und des bürgerlichen Subjekts in diesem Kapitalverhältnis. Es ist wichtig, auf diese Wechselwirkung hinzuweisen, denn es wird heute immer noch die Fehlinterpretation reproduziert, dass nach Marx das Sein das Bewusstsein bestimme. Dies wandelte sich in der späteren Marx-Interpretation zum »Basis-Überbau-Schema«. (Vgl. Dahrendorf 1999, 60) Zu einem solchen, sich in der Geschichte des Marxismus-Leninismus durchziehenden Irrtum kann es aber nur kommen, wenn man Marx' Darstellung Gewalt antut. (Vgl. dazu Fleischer 1979, 163f.) Das muss man auch Dahrendorf vorwerfen. Er schreibt noch 1999 wörtlich, Marx sage, dass »das Bewußtsein [...] vom ökonomischen Sein bestimmt« werde. Bei Marx steht aber: »Es ist nicht das Bewußtsein der Menschen, das ihr Sein, sondern umgekehrt ihr gesellschaftliches Sein, das ihr Bewußtsein bestimmt.« (MEW 13, 9) Mit dem »gesellschaftlichen Sein« ist das Bewusstsein der Menschen mitumfasst, denn ohne ein sozial spezifisches Bewusstsein kann sich keine soziale Entwicklung vollziehen. Konkret: Ohne die Fähigkeit zum abstrakten Denken kann sich das Geld nicht entwickeln, was ich gleich zeigen werde. Es muss also die Fähigkeit zum Abstrahieren in den Köpfen der Menschen vorhanden sein, bevor sie einem Gegenstand mit konkretem Gebrauchswert eine abstrakte Eigenschaft, den Wert, geben können.

Fangen wir aber von vorne an: Marx begann seine Darstellung mit dem einfachen Tausch. Wenn Marx als Beispiel »20 Ellen Leinwand sind 1 Rock wert« nahm, so drückt sich der Wert der Leinwand in dem Rock aus. Der Rock »liefert nur dem Wertausdruck andrer Ware das Material« (MEW 23, 63). Er ist in diesem konkreten Fall die Existenzform oder der Träger des Wertes. »Diese Form kommt offenbar praktisch nur vor in den ersten Anfängen, wo Arbeitsprodukte durch zufälligen und gelegentlichen Austausch in Waren verwandelt werden«, sagt Marx. (MEW 23, 80)

Mehr noch: Indem »der Rock als Wertding der Leinwand gleichgesetzt wird, wird die in ihm steckende Arbeit der in ihr steckenden Arbeit gleichgesetzt« (MEW 23, 65). Durch den Äquivalentausdruck verschiedenartiger Waren wird die verschiedenartige Arbeit, die in jeder Ware steckt und zu ihrer Herstellung gebraucht wurde, parallelisiert. Das Arbeitsprodukt ist »nicht länger das Produkt der Tischlerarbeit oder der Bauarbeit oder der Spinnarbeit oder sonst einer bestimmten produktiven Arbeit. Mit dem nützlichen Charakter der Arbeitsprodukte verschwindet der nützliche Charakter der in ihnen dargestellten Arbeiten, [...] sie unterscheiden sich nicht länger, sondern sind allzusamt reduziert auf gleiche menschliche Arbeit, abstrakt menschliche Arbeit.« (MEW 23, 52) Die abstrakte Arbeit, kristallisiert als Wert, bildet die Vergleichsgröße. Jede Ware enthält ein bestimmtes Quantum Arbeitszeit. Die Gleichsetzung zweier Waren bedeutet, dass zu ihrer Herstellung gleich viel Arbeitszeit notwendig ist. Die Arbeitszeit, die zur Herstellung einer Ware notwendig ist, wechselt aber mit der Produktivkraft der Arbeit in einer bestimmten Sparte. Es ist darum nicht so, dass eine Ware umso wertvoller wird, desto länger, also desto langsamer daran gearbeitet wurde, sondern gemessen und verglichen wird die gesellschaftlich notwendige Arbeitszeit. Was Marx als erste Eigentümlichkeit der Äquivalentform bezeichnete, ist, dass ein bestimmter Gebrauchswert zur Erscheinungsform seines Gegenteils, des Werts, wird. Keine Ware kann sich auf sich selbst als Äquivalent beziehen: »20 Ellen Leinwand = 20 Ellen Leinwand« wäre eine bloße Tautologie. Sie muss die Naturalform einer anderen Ware zu ihrer Wertform machen bzw. sich auf eine andere als Äquivalent beziehen. – An dieser Stelle beginnt der Prozess, in dem der Mensch die Herrschaft über das Geschehen verliert. Dadurch, dass die Waren Werteigenschaft bekommen, verselbstständigen sie sich, verselbstständigt sich der Prozess, wie wir nun in der weiteren Entwicklung sehen werden. Der Mensch gibt mehr und mehr das Gesetz des Handelns aus der Hand.

Obwohl also die Äquivalentform einem gesellschaftlichen Verhältnis entspringt, scheint es dem soziologischen Beobachter so, als würde sie natürlicherweise der Ware als Eigenschaft anhaften. Mehr noch: Auch die zu ihrer Erstellung erforderliche konkrete Arbeit erscheint von Natur aus als abstrakte Arbeit. Durch diese Abstraktion wird jede Arbeit vergleichbar mit allen anderen Arbeiten. Die Privatarbeit wird über diesen Umweg zur Form ihres Gegenteils, zur Arbeit in unmittelbar gesellschaftlicher Form. Über diesen (Um-)Weg wird das Individuum vergesellschaftet.

Bei der einfachen Wertform bleibt die geschichtliche Entwicklung nicht stehen, denn der Austausch der verschiedenen Waren untereinander wird »total«, wie Marx das nannte. Der Besitzer einer Ware, die er nicht zu seinem persönlichen Gebrauch hergestellt hat, muss sie gegen alle anderen Waren, die er auf dem Markt antrifft, austauschen können. Das ist in der totalen oder entfalteten Wertform - wie Marx sie bezeichnete - erreicht. 20 Ellen Leinwand lassen sich gegen 1 Rock oder 10 Pfund Tee oder 40 Pfund Kaffee austauschen.

Um aber *allgemeines* Äquivalent werden zu können, muss sich eine Warenart von allen anderen absetzen, denn »sehn wir näher zu, so gilt jedem Warenbesitzer jede fremde Ware als besonderes Äquivalent seiner Ware, seine Ware daher als allgemeines Äquivalent aller andren Waren. Da aber alle Warenbesitzer dasselbe tun, ist keine Ware allgemeines Äquivalent und besitzen die Waren daher auch keine allgemeine relative Wertform, worin sie sich als Werte gleichsetzen und als Wertgrößen vergleichen.« (MEW 23, 101) Um zur allgemeinen Äquivalentform werden zu können, muss durch die gesellschaftliche Aktion eine bestimmte Ware von allen anderen Waren abgegrenzt werden. Wenn das der Fall ist, können alle anderen Waren in dieser herausgesetzten Ware ihren Wert darstellen. Die Naturalform einer solchen Ware wird allgemein gültige Äquivalentform. Diese Ware wird dann zum Zahlungsmittel, also zum Geld. Der in der Ware vorliegende Gegensatz von Gebrauchswert und Wert »treibt zu einer selbständigen Form des Warenwerts und ruht und rastet nicht, bis sie endgültig erzielt ist durch die Verdopplung der Ware in Ware und Geld« (MEW 23, 102). Welche Ware Geldfunktion übernimmt, ist zufällig: Es »entscheiden im großen und ganzen zwei Umstände. Geldform heftet sich entweder an die wichtigsten Eintauschartikel aus der Fremde, welche in der Tat naturwüchsige Erscheinungsformen des Tauschwerts der einheimischen Produkte sind, oder an den Gebrauchsgegenstand, welcher das Hauptelement des einheimischen veräußerlichen Besitztums bildet, wie z. B. Vieh.« (MEW 23, 103)

Der Gebrauchswert der Geldware verdoppelt sich: Ihre erste Funktion, besonderer Gebrauchswert der Ware zu sein, bleibt erhalten; hinzu tritt als zweite Funktion der gesellschaftliche Gebrauchswert. Dieser ist für alle Mitglieder der Gesellschaft in gleicher Weise Gebrauchswert. Es wird am ehesten die Ware gewählt, die diese letztere Gebrauchswerteigenschaft am besten erfüllt. Das sind Gold und Silber. »Als Zirkulationsmittel haben das Gold und Silber vor andren Waren voraus, daß ihrem großen natürlichen spezifischen Gewicht - relativ große Schwere in kleinem Raum darzustellen - ein ökonomisches spezifisches Gewicht entspricht, relativ viel Arbeitszeit, d. h. großen Tauschwert, in kleinem Raum einzuschließen. [...] Endlich als ruhndes Dasein des Werts, als Materie der Schatzbildung.« (Marx 1953, 897 f.)
Hier deutet sich die dritte Funktion der Geldware, nämlich die Schatzbildung, schon an: im Herauswachsen des Geldes aus der Zirkulation. Die Zirkulation schwitzt ihr eigenes Produkt, das Geld, ständig aus. (Vgl. MEW 23, 127) Das ist eine Voraussetzung für die Schatzbildung. Wesentlich für die Herausbildung des Geldes als Schatz ist weiterhin der Widerspruch zwischen Quantität und Qualität des Geldes: Das Wesen des Geldes ist seine qualitative Schrankenlosigkeit. Man kann auf lange Zeit hin unbegrenzt viel davon anhäufen. Da es immer wieder neue Bedürfnisse gibt, die man mithilfe von Geld im Warentausch befriedigen kann, will der Schatzbildner, um jederzeit seine Bedürfnisse befriedigen zu können, auch stets viel davon haben. »Aber zugleich ist jede wirkliche Geldsumme quantitativ beschränkt, daher auch nur Kaufmittel von beschränkter Wirkung.« (MEW 23, 147) Dieser Widerspruch zwischen Qualität und Quantität treibt den Schatzbildner an, immer mehr Geld aus der Zirkulation zu ziehen und aufzuhäufen. Dass das Geld die Fähigkeit besitzt, kürzer oder länger außerhalb der Zirkulation zu verweilen, ist im Übrigen eine weitere Bedingung der Schatzbildung. Beim Aufhäufen von Geld stößt der Schatzbildner allerdings immer von neuem an die quantitative Grenze, die er zu überschreiten trachtet, d. h.,

je mehr Geld er hat, desto mehr will er haben. Marx sagte, dass es ihm gehe wie dem Welteroberer, »der mit jedem Land nur eine neue Grenze erobert« (MEW 23, 147).

Marx ermittelte, dass mit der Entwicklung der Warenzirkulation die Leidenschaft entstehe, das Geld festzuhalten. Es ist nämlich so, dass jeder, um die zu verschiedenen Zeiten auftretenden Bedürfnisse befriedigen zu können, Geld zur Verfügung haben muss. Er muss jederzeit liquide sein. Das Geld als suspendierte Münze, d. h. als Schatz, haben zu können, ist eine aus der Zirkulation mit Notwendigkeit entspringende Form. Mit der Möglichkeit des Besitzes entsteht die Goldgier. (Vgl. MEW 23, 145) Parallel zur Ausdehnung der Zirkulation wächst zudem die Macht des Geldes. »In ihm kann ich die allgemeine gesellschaftliche Macht und den allgemeinen gesellschaftlichen Zusammenhang, die gesellschaftliche Substanz in der Tasche mit mir herumtragen.« (Marx 1953, 874) Der Trieb zur Anhäufung des Reichtums ist »von Natur maßlos« (MEW 23, 147), denn ist das Geld der vergegenständlichte Wert, der allgemeine Reichtum; »so ist einer um so reicher, je mehr er davon besitzt, und der einzige richtige Prozeß ist das Aufhäufen desselben. [...] Diese Akkumulation des Goldes und Silbers, die sich als wiederholtes Entziehn desselben aus der Zirkulation darstellt, ist zugleich das Insicherheitbringen des allgemeinen Reichtums gegen die Zirkulation, worin er stets verloren geht im Austausch zum besondren, schließlich in der Konsumtion verschwindenden Reichtum.« (Marx 1953, 872) Die Vergrößerung des abstrakten Reichtums wird absoluter Zweck.

In dieser Entwicklung des Geldes als Geld ist ein Widerspruch aufgetreten: Einerseits führt die einfache Zirkulation zur Entwicklung des Geldes als suspendierte Münze, andererseits aber muss das Geld Zirkulationsmittel bleiben. Das Geld ist der Reichtum, der von dem Schatzbildner vor der Zirkulation gesichert wird, indem er ihn aus der Zirkulation herauszieht. Der allgemeine Reichtum jedoch kann nur realisiert werden, wenn das Geld wieder in die Zirkulation eingeht und der

Schatzbildner sich somit alles nur Wünsch- und Denkbare kaufen kann. »Solange es der Zirkulation entzogen bleibt, ist es ebenso wertlos, als läge es im tiefsten Bergschacht vergraben. Geht es aber wieder in die Zirkulation ein, so ist es am Ende mit seiner Unvergänglichkeit, so vergeht der in ihm enthaltene Wert in den Gebrauchswerten der Waren, gegen die es sich austauscht, wird es wieder bloßes Zirkulationsmittel.« (Marx 1953, 929) Letzteres wiederum will der Schatzbildner nicht.

Es muss gefragt werden, wie die Zirkulation sich zu einer höheren Form weiterentwickeln kann, die in der Lage wäre, diesen Widerspruch aufzuheben. Vom Standpunkt der einfachen Warenzirkulation, die den Austausch verschiedener Gebrauchswerte zum Inhalt hat, ist keine weitere Formentwicklung möglich. Denn sobald die Ware ihren Besitzer erreicht hat, der sie als besonderen Gebrauchswert ansieht, ist der Austausch vollzogen, die Ware hat die Zirkulation verlassen. Wir haben das Produkt dieser Zirkulation, das Geld, vorliegen; die Ware dagegen wird von ihrem Besitzer konsumiert. Gehen wir nun aber einmal nicht vom Warenbesitzer aus, der Ware gegen Ware, vermittelt durch das Geld, tauscht. Symbolisiert sieht das so aus: W-G-W. Gehen wir stattdessen einmal vom Geldbesitzer aus. Das können wir, weil sich an dieser historischen Stelle das Geld bereits entwickelt hat. Nehmen wir an, der Geldbesitzer gibt sein Geld in die Zirkulation. In der Zirkulation Geld-Ware-Geld (G-W-G) wird Geld gegen Geld getauscht. Das wäre aber »abgeschmackt« (MEW 23, 162), denn wenn ich 10 Euro gegen 10 Euro tauschen würde, könnte ich die 10 Euro gleich behalten. Eine Geldsumme kann sich von einer anderen Geldsumme nur quantitativ und nicht qualitativ unterscheiden. Der Sinn der ganzen Übung kann für den Geldbesitzer also nur sein, am Ende mehr Geld herauszubekommen, als er selbst in die Zirkulation hineingebracht hat. Der Prozess muss darum korrekt so symbolisiert werden: G-W-G', wobei G' die ursprüngliche Geldsumme plus einen Überschuss bedeutet. Diesen Überschuss nannte Marx Mehrwert. Die Bewegung, die den Wert nicht nur erhält, sondern erhöht, verwandelt den Wert in Kapital. Das Geld als vergegenständlichter Wert drängt gewissermaßen nach seiner Vergrößerung. In der Zirkulation aber kann kein Mehrwert entstehen, weil zu Äquivalenten getauscht wird. Dennoch muss sich der Wert vermehren. Das sind die widersprüchlichen Prämissen auf dem Stand der Entwicklung bis hierher. Wie geht es weiter?

»Das Geld ist jetzt vergegenständlichte Arbeit, sei es, daß sie die Form des Geldes oder besondrer Ware besitze. Keine gegenständliche Daseinsweise der Arbeit steht dem Kapital gegenüber, sondern jede derselben erscheint als mögliche Existenzweise desselben. [...] Der einzige Gegensatz gegen die vergegenständlichte Arbeit ist die [...] lebendige Arbeit. Als zeitlich vorhandne ungegenständliche (und darum auch nicht vergegenständlichte) Arbeit kann diese nur vorhanden sein als Vermögen, Möglichkeit, Fähigkeit, als Arbeitsvermögen des lebendigen Subjekts. Zum Kapital als der selbständig an sich festhaltenden vergegenständlichten Arbeit kann nur den Gegensatz bilden das lebendige Arbeitsvermögen selbst und so der einzige Austausch, wodurch das Geld zu Kapital werden kann.« (Marx 1953, 942)

Durch den Austausch mit der lebendigen Arbeit wird Geld zu Kapital. Gebrauchswert hat das lebendige Arbeitsvermögen für den Kapitalisten nur dann, wenn es Quelle von Mehrwert ist, und einzige Quelle des Mehrwerts kann nur das lebendige Arbeitsvermögen sein, nicht die schon geronnene Arbeit. Konstantes Kapital - wie Marx es nennt -, also Rohstoffe und Arbeitsmittel, verändern während des Produktionsprozesses ihren Wert nicht (vgl. MEW 23, 223), ihr Wert geht aber ganz oder teilweise in die neu produzierten Produkte ein. (Vgl. MEW 24, 158 ff.) Anders bei der lebendigen Arbeit: »Der in Arbeitskraft umgesetzte Teil des Kapitals verändert dagegen seinen Wert im Produktionsprozeß. Er reproduziert sein eignes Äquivalent und seinen Überschuß darüber.« (MEW 23, 224) Der Kapitalist muss auf dem Arbeitsmarkt die Arbeitskraft des Arbeiters zu ihrem Wert einkaufen, weil auf dem

Markt das Gesetz des Äquivalententauschs gilt. Der Wert der Arbeitskraft bestimmt sich wie bei jeder anderen Ware durch die zur Produktion oder Reproduktion gesellschaftlich notwendige Arbeitszeit. Der Wert der Arbeitskraft ist demnach bestimmt durch den Wert der Lebensmittel, wozu auch so genannte Luxusgüter gehören, die zur Erhaltung der Arbeitskraft gesellschaftlich notwendig sind.

So viel zum Tauschwert der Ware Arbeitskraft, wovon der Gebrauchswert zu unterscheiden ist. Was der Kapitalist damit macht, geht den Arbeiter nichts mehr an, wenn er einmal seine Arbeitskraft eingetauscht hat: Der Gebrauch der Arbeitskraft ist genauso wenig Gegenstand der Zirkulation wie das Trinken, also das Konsumieren einer Flasche Wein. Auch hier interessiert den Verkäufer nur, dass er das Äquivalent bekommt, aber nicht was der Käufer mit der Flasche Wein danach macht, ob er sie beispielsweise allein oder mit anderen zusammen trinkt, oder ob er sie verschenkt oder weiterverkauft. (Vgl. Marx 1953, 946) Wenn der Kapitalist die Arbeitskraft zu ihrem Marktwert, der durch Tarifverträge oder andere Vereinbarungen festgelegt sein kann, gekauft hat, verlässt er mit ihr die Tauschsphäre, schließt das Fabriktor hinter sich, und der Kapitalist konsumiert die Arbeitskraft als Gebrauchswert während einer bestimmten Zeit. Dass er dann aus ihr mehr herausholt, als er für sie bezahlt hat, erfolgt nach dem soeben ausgeführten Gesetz.

Gesellschaftsentwicklung

Marx erweist sich in seiner Analyse zunächst als Handlungstheoretiker. Er zeigt, dass die Menschen selbst die gesellschaftlichen Zustände produzieren, denen sie später allerdings nicht entfliehen können. Er zeigt auf, dass es ein Prozess ist, der nicht mehr rückgängig gemacht werden kann, der für die Menschen undurchschaubar wird und sich stets selbst aufs Neue reproduziert und herstellt, im Sinne eines autopoieti-

schen Systems. Marx' Analyse geht also an dieser Stelle von der Handlungs- in die Systemtheorie über.
Marx beschreibt die Gesetze der Selbsterhaltung des Systems so: Es kann sein, dass der Mehrwert sinkt. Es gibt aber eine Reihe von Mechanismen, die ihn auf einem Niveau halten, das für den Kapitalisten zufriedenstellend ist, d. h., dass es sich für ihn lohnt, weiter zu produzieren. Der Kapitalist rechnet in Profitrate, also in Bezug auf das gesamte von ihm eingesetzte Kapital. Der Profit ist für Marx nichts anderes als die mystifizierte Form des Mehrwerts. Würde die Profitrate unter den Bankzins fallen, würde der Kapitaleinsatz in der Produktion nicht mehr lohnen. Weil die Konkurrenz in den einzelnen Produktionsbereichen wirkt, gleichen sich die Profitraten der einzelnen Kapitaleigner zur Durchschnittsprofitrate an. Würde diese so stark fallen, dass die Produktion in dieser Produktionssphäre nicht mehr lohnt, kann das Kapital in anderen Produktionsbereichen eingesetzt werden. Diesen komplizierten Prozess der Selbsterhaltung des Kapitalismus stellt Marx im dritten Band des *Kapitals* dar. Dort heißt es abschließend: »Das Kapital entzieht sich aber einer Sphäre mit niedriger Profitrate und wirft sich auf die andre, die höheren Profit abwirft. Durch diese beständige Aus- und Einwanderung, mit einem Wort, durch seine Verteilung zwischen den verschiednen Sphären, je nachdem dort die Profitrate sinkt, hier steigt, bewirkt es solches Verhältnis der Zufuhr zur Nachfrage, daß der Durchschnittsprofit in den verschiednen Produktionssphären derselbe wird.« (MEW 25, 206) Aufgrund dieses Mechanismus erhält sich das Kapital selbst und stellt sich durch Krisen hindurch immer wieder selbst her; ein autopoietisches System also. Marx ging – wie wir sahen – davon aus, dass die Menschen ihre Geschichte durch bewusstes Handeln selbst gestalten. Er entwickelte sich aber im Verlauf seiner Kapitalanalyse vom Handlungstheoretiker zum Systemtheoretiker. Seine eigenen Forschungsergebnisse führten ihn zu der Auffassung, dass die Menschen durch die von ihnen selbst hergestellten sozialen Verhältnisse, in denen sich ein dann von

Menschen nicht beeinflussbarer gesetzmäßiger Bewegungsmechanismus etabliert hat, beherrscht werden. Die Menschen haben nun gänzlich das Gesetz des Handelns verloren.

MAX WEBER

Geschichtsverlauf und Gesellschaftsanalyse

Max Weber (1864–1920) geht von einem universalhistorischen Prozess der Rationalisierung aller Lebensbereiche in allen Kulturen und zu allen Zeiten aus. (Vgl. Kaesler 1999, 197) »Rational« nennt Max Weber in erster Linie unsere abendländische Denkweise. Eindrucksvoll hat er schon gegen das marxistische Basis-Überbau-Schema, dem – wie ich gezeigt habe – eine falsche Marx-Interpretation zugrunde liegt, ins Feld geführt, dass die protestantische Ethik, mit ihren Prinzipien von Arbeitsamkeit, Rastlosigkeit, Stetigkeit, Sparsamkeit und Fleiß, aber auch Systematik, die Etablierung der kapitalistischen Produktionsweise befördert habe. (Vgl. Weber 1975, 180) Weber schreibt: »Die Frage nach den Triebkräften der Expansion des modernen Kapitalismus ist nicht in erster Linie eine Frage nach der Herkunft der kapitalistisch verwertbaren Geldvorräte, sondern vor allem nach der Entwicklung des kapitalistischen Geistes.« (Weber 1975, 58) Andererseits habe der Kaufmannskapitalismus dieser Ethik den Boden bereitet. Die Entstehung des Kapitalismus verdankt sich nach Weber zirkulären Interdependenzen und nicht einer einfachen Kausalbeziehung von Basis und Überbau. »Was letzten Endes den Kapitalismus geschaffen hat, ist die rationale Dauerunternehmung, rationale Buchführung, rationale Technik, das rationale Recht, aber auch nicht sie allein; es mußte ergänzend hinzutreten: die rationale Gesinnung, die Rationalisierung der Lebensführung, das rationale Wirtschaftsethos.« (Weber 1975, 360) Diese Gesinnung hat nach

Max Weber ihren Ursprung im abendländischen Mittelalter. »Der Mönch ist der erste in jener Epoche rational lebende Mensch, der methodisch und mit rationalen Mitteln ein Ziel anstrebt: das Jenseits. Nur für ihn gab es Glockenschlag, nur ihm sind die Tagesstunden eingeteilt zum Gebet. Die Wirtschaft der klösterlichen Gemeinschaften war *die* rationale Wirtschaft. [...] Aber die rationale Lebensführung blieb auf die Kreise des Mönchtums beschränkt.« (Weber 1975, 370) Mit der Beschränkung dieser Denkweise auf den religiösen Bereich hat Weber zufolge »die Reformation entscheidend gebrochen. Schon die Aufhebung der Consilia evangelica durch die lutherische Reformation bedeutete den Wegfall der doppelten Ethik, der Unterscheidung einer allgemein verbindlichen und einer spezifisch vorteilhaften Virtuosen-Moral. Die außerweltliche Askese hörte damit auf. Die straff religiösen Naturen, die bis dahin in das Kloster gegangen waren, mußten von jetzt an innerhalb der Welt das gleiche leisten. Für innerweltliche Askese haben die asketischen Denominationen des Protestantismus die adäquate Ethik geschaffen. Ehelosigkeit wird nicht verlangt; die Ehe ist lediglich ein Institut für rationale Kindererzeugung. Armut wird nicht empfohlen; aber Reichtumserwerb darf auch nicht zu gedankenlosem Genießen verleiten.« (Weber 1975, 370 f.)

Gesellschaftsentwicklung

Die ursprünglich christliche Denkweise, die auf die Lebensführung der Mönche ausgerichtet war, entwickelte sich zur allumfassenden Denkweise. Sie war ein Produkt der Menschen, sollte den Prozess der Lebensgestaltung durch Systematisierung erleichtern und wurde dann zum Herrschaftsinstrument über Menschen. Ähnlich wie Marx, für den die abstrakte Denkweise von Menschen ausgeht, sich zum Geld materialisiert und über diesen Weg zum Kapitalismus wird, der die Menschen beherrscht, sieht Max Weber eine Entwicklung zu einem »stahlharten Gehäuse der Hörigkeit«, aus dem es kein Entrinnen mehr gibt. Weber schreibt:

»Denn indem die Askese aus den Mönchszellen heraus in das Berufsleben übertragen wurde und die innerweltliche Sittlichkeit zu beherrschen begann, half sie an ihrem Teile mit daran, jenen mächtigen Kosmos der modernen, an die technischen und ökonomischen Voraussetzungen mechanisch-maschineller Produktion gebundenen, Wirtschaftsordnung zu erbauen, der heute den Lebensstil aller Einzelnen, die in dieses Triebwerk hineingeboren werden – nicht nur der direkt ökonomisch Erwerbstätigen –, mit überwältigendem Zwange bestimmt und vielleicht bestimmen wird, bis der letzte Zentner fossilen Brennstoffs verglüht ist. Nur wie ›ein dünner Mantel, den man jederzeit abwerfen könnte‹, sollte [...] die Sorge um die äußeren Güter um die Schultern seiner Heiligen liegen. Aber aus dem Mantel ließ das Verhängnis ein stahlhartes Gehäuse werden. Indem die Askese die Welt umzubauen und in der Welt sich auszuwirken unternahm, gewannen die äußeren Güter dieser Welt zunehmende und schließlich unentrinnbare Macht über den Menschen, wie niemals zuvor in der Geschichte.« (Weber 1975, 188)

Bei Max Weber ist also ein vergleichbarer Entwicklungsprozess zu verfolgen, wie Marx ihn uns bereits vor Augen geführt hatte: von den zielgerichtet handelnden Menschen, die ihre Gesellschaft gestalten, hin zu einer eigengesetzlichen Gesellschaftsordnung, in der die Menschen wie Marionetten in das Räderwerk des Sozialen eingebunden sind.

Geschichtsverlauf und Gesellschaftsanalyse

Methodisch geht Habermas so vor, wie es bei Honneth bereits angeklungen ist. Es müsse erstens das Ideal einer gerechten Gesellschaft als normativer Maßstab der Analyse zur Verfügung stehen. Man müsse zweitens aufdecken, welche Mechanismen in der unzulänglichen Gesellschaft deren Weiterentwicklung verhinderten, und man müsse drittens zugleich das Entwicklungspotenzial angeben, das zu entfalten sei.

Dementsprechend ist auch Habermas' Geschichtsauffassung. Das von ihm aufgezeigte Entwicklungskonzept beruht auf der Annahme von universalen Bewusstseinsstrukturen - wie wir sie in der Theoriekonzeption von Émile Durkheim auch noch kennen lernen werden - und von entwicklungslogisch angeordneten Lernniveaus. (Vgl. Habermas 1976, 204) »Eine Geschichte baut sich aus Interaktionen auf; sie wird von mindestens einer handelnden Person getragen und zugleich ertragen - der Handelnde ist als Autor einer Geschichte zugleich ›in diese verstrickt‹.« (Habermas 1976, 205) Und weiter heißt es: »Eine Geschichte ist prinzipiell ein Zusammenhang von Interaktionen; in ihm bringen Akteure durch ihr Handeln etwas hervor.« (Habermas 1976, 217) Habermas zitiert zustimmend den Historiker Bendix, der sagt: »›Ich halte den Begriff‹ Gleichgewicht ›[...] nicht für geeignet, weil die soziale Struktur [...] sich nicht selbst im Gleichgewicht [erhält] ..., sondern weil es Menschen sind, die durch ihre wie immer bedingten Handlungen einen bestimmten Grad von Stabilität erzielen oder nicht erzielen.‹« (Habermas 1976, 222) Um nun zu erklären, was gemeint ist, wenn wir in geschichtlichen Situationen dennoch davon sprechen, dass ein Kollektiv und kein einzelner Mensch gehandelt hat, führt Habermas Folgendes aus:

»Handlungsfähigkeit ist ein Interaktionsbegriff - auch Individuen handeln nur als Mitglieder oder Repräsentanten der Gruppen, denen sie angehören. Kollektive ihrerseits ›handeln‹ nur in einem übertragenen Sinne, aber sie verkörpern das Interaktionsnetz, in dem individuell zurechenbare Handlungen allein auftreten können. [...] Bismarck tritt in der narrativen Rolle des geschichtsträchtigen Handlungssubjekts auf. Dennoch bleibt das narrative Bezugssystem erhalten. Die Autorenrolle nehmen kollektive Akteure ein: die traditionelle Herrenschicht der adligen Agrarier, des Offiziers- und Beamtenadels [verteidigte] ihre gesellschaftlichen und politischen Privilegien; die junge Industriearbeiterschaft [organisierte] sich in Parteien und in den Frühformen der Gewerkschaft; das Industriebürgertum [meldete] [...] zusammen mit mittelständischen liberalen Gruppen politische Ansprüche an; die Führungsgruppen setzten eine Reihe von Wohlfahrtsmaßnahmen für Bauern, Handwerker, Industriearbeiter und deren Kinder in Kraft usw.« (Habermas 1976, 210)

Habermas will in seiner Geschichtsdarstellung in der *Theorie des kommunikativen Handelns* zeigen, dass in allen Gesellschaftsformationen in synchroner und diachroner Perspektive immer gleich bleibende und damit universelle Geltungsansprüche in kommunikativen Handlungen erhoben werden. Weiterhin will er zeigen, dass diese Geltungsansprüche sich differenzieren, mithin die Vernunftmomente einer dennoch einheitlichen Vernunft im Laufe der historischen Entwicklung Distanz zueinander gewinnen. Was sind Geltungsansprüche? Im Organonmodell Karl Bühlers - um nur ein Beispiel aus der Fülle der sprachwissenschaftlichen Schriften zu nennen, die Habermas in den Siebzigerjahren rezipierte - findet er drei unterschiedliche Weisen der Zeichenverwendung: »Die kognitive Funktion der Darstellung eines Sachverhalts, die expressive Funktion der Kundgabe von Erlebnissen des Sprechers und die appellative Funktion von Aufforderungen.« (Habermas 1981b/1, 372) Jedes sprechende Subjekt thematisiert nach Habermas etwas aus dem Bereich der äußeren Natur, der Gesellschaft oder seiner inneren Natur. Gegen diese Bereiche grenze es sich zugleich ab, indem es sie thematisiert. Mit dieser Thematisierung erhebe jedes handelnde Subjekt einen

Wahrheitsanspruch, einen Richtigkeitsanspruch und einen Wahrhaftigkeitsanspruch. Im mythischen Denken könne man noch keine Differenzierung zwischen den drei Geltungsansprüchen der propositionalen Wahrheit, der normativen Richtigkeit und der expressiven Wahrhaftigkeit ausmachen, wie überhaupt das mythische Denken sich durch den geringeren Grad an Differenzierung vom modernen Weltbild unterscheidet. Habermas schreibt nun die evolutionäre Entwicklung als eine Geschichte der Ausdifferenzierungen. Entsprechend dem Grad der Ausdifferenzierungen der drei Vernunftmomente können wir verschiedene Kulturen mit unterschiedlichen Weltbildern erkennen. Habermas sieht vier historische Entwicklungsstadien:

1. *Neolithische Gesellschaften*, in denen die mythischen Weltbilder noch unmittelbar mit dem Handlungssystem verschränkt sind.
2. *Frühe Hochkulturen*, in denen ein vom Handlungssystem abgehobenes mythisches Weltbild zu erkennen ist, das Legitimationsfunktion für die Inhaber von Herrschaftspositionen übernimmt.
3. *Entwickelte Hochkulturen* brechen mit dem mythischen Denken und bilden rationalisierte Weltbilder mit postkonventionellen Rechts- und Moralvorstellungen aus.
4. In der *Moderne* werden die drei Vernunftmomente gänzlich ausdifferenziert. (Vgl. Habermas 1976, 172 f.)

Habermas zeigt weiter, dass wir in unserer modernen Gesellschaft – und damit knüpft er an die Forschungen Max Webers an – dem technisch-instrumentellen Vernunftmoment die absolute Vorherrschaft vor den anderen Vernunftmomenten gegeben haben. Das technisch-instrumentelle Vernunftmoment fördert einerseits die Verwissenschaftlichung, Technisierung und Produktivität, andererseits verstärkt es in grenzenlosem Maße das zweckrationale Denken. Im Gegensatz dazu war in vormodernen Gesellschaften eine Abtrennung des moralisch-praktischen und des ästhetisch-expressiven vom technisch-instrumentellen Vernunftmoment noch gar nicht möglich. Habermas sieht die Geschichte als eine Geschichte entwicklungslogisch angeordneter Lernniveaus, und er ist der Auffassung, dass die Menschheit hinter einmal erreichte Entwicklungsniveaus nicht zurückfallen könne: »Die religiösen Kräfte der sozialen Integration sind infolge eines Aufklärungsprozesses erlahmt, der so wenig rückgängig gemacht werden kann, wie er willkürlich produziert worden ist. Der Aufklärung ist die Irreversibilität von Lernprozessen eigen, die darin begründet ist, daß Einsichten nicht nach Belieben vergessen, sondern nur verdrängt oder durch bessere Einsichten korrigiert werden können.« (Habermas 1985, 104f.) Ja, Habermas geht noch weiter. Er ist der Auffassung, dass alle Kulturen sich ähnlich wie die europäische entwickeln werden, und macht das an der Verbreitung der Menschenrechte deutlich: »Die europäische Konzeption der Menschenrechte war die Antwort auf ein Problem, vor dem heute andere Kulturen in ähnlicher Weise stehen wie seinerzeit Europa, als es die politischen Folgen der Konfessionsspaltung überwinden mußte. Die Konkurrenz der Glaubensüberzeugungen bricht heute auch im Inneren traditionsbestimmter Gesellschaften auf. Auch in kulturell vergleichsweise homogenen Gesellschaften wird eine reflexive Umformung herrschender dogmatischer Überlieferungen immer unausweichlicher.« (Habermas 1997) Habermas diagnostiziert weltweit ähnliche Probleme, die sich in den verschiedenen Kulturen nur zeitlich verschoben einstellen. Auch Comte behauptete, dass der Fortschritt überall möglich sei und unterschiedslos alle Kulturen ergreifen werde. Für ihn war es lediglich eine Frage der Zeit, »bis auch die besagten Wilden in Neuseeland das Entwicklungsstadium der bürgerlichen Gesellschaft der Franzosen und Engländer erreicht haben würden« (Wagner 2001, 93).

Die Frage ist, ob Menschen in den sozialen Entwicklungsprozess eingreifen, ihn beschleunigen oder verhindern können. In der *Theorie des kommunikativen Handelns* legt Habermas dar, wie entlang der Konfliktlinien zwischen System und Lebenswelt Neues entstehen kann. Das werde ich in einem zweiten Habermas-Kapitel noch näher erläutern. Hier nur so viel: Aus der Lebenswelt heraus entwickeln sich zur Entlastung eines in komplexen Gesellschaften immer dichter werdenden Interaktionsnetzes Entlastungsmedien. So kann das Fehlschlagen von Interaktionen verhindert werden. Diese Funktion übernehmen unter anderen die Steuerungsmedien Macht und Geld. Sie verselbstständigen sich gegenüber der Lebenswelt (vgl. Habermas 1981b/2, 272) und regulieren sich ohne Rückgriff auf die Lebenswelt selbst. Diese eigenständigen Systeme wirken dann auf die Lebenswelt zurück; die Tragik ist, dass wir »Opfer unserer eigenen Taten« sind. (Höffe 1990, 365) Hier ist also ein leiser Anklang zu hören an die Systemtheorie und an eine Entwicklung, wie sie Marx und Weber aufgezeigt haben.

Habermas lässt sich weiterhin von den Untersuchungen Max Webers leiten, weil dessen Themen Sinnverlust und Freiheitsverlust in den vergangenen Jahrzehnten nichts an Aktualität eingebüßt hätten. (Vgl. Habermas 1981b/2, 447) Allerdings: Will man die Konsequenzen der von Weber analysierten Entwicklung angemessen beschreiben, wird der von Habermas entwickelte komplexe Rationalitätsbegriff – im Gegensatz zum verkürzten von Max Weber – als grundlegender Bezugspunkt sozialwissenschaftlicher Analysen zur Verfügung stehen müssen.

Auf der Basis dieses Rationalitätsbegriffs sieht man zum einen, dass eine fortschreitend rationalisierte Lebenswelt von immer komplexer werdenden, formal organisierten Handlungsbereichen zugleich entkoppelt und in Abhängigkeit gebracht wird. Dies wird von Habermas mit dem Begriff der inneren Kolonialisierung beschrieben. (Vgl. Habermas 1981b/2, 452) Für Max Weber lautet der Terminus, der das Schlüsselphänomen für das Verständnis moderner Gesellschaften markiert, »Bürokratisierung«. Beide Male ist dasselbe gemeint: Organisationen grenzen sich gegen symbolische Strukturen der Lebenswelt ab und werden somit indifferent gegenüber Kultur, Gesellschaft und Persönlichkeit. In beiden Fällen ist damit das Eindringen von administrativer und ökonomischer Rationalität in Handlungsbereiche oder in die Lebenswelt gemeint. Die »Kritik der funktionalistischen Vernunft« – so der Untertitel des zweiten Bandes der *Theorie des kommunikativen Handelns* – unterscheidet sich von der Kritik der instrumentellen Vernunft der alten Kritischen Theorie Horkheimers und Adornos, aber auch von der soeben dargestellten Max Webers dadurch, dass sie Ambivalenzen der Vernunft darstellt. Mittels der Kritik der funktionalistischen Vernunft will Habermas darstellen, dass sich eigensinnige kommunikative Strukturen den Systemimperativen widersetzen, sodass unvoreingenommen Tendenzen und Gegentendenzen untersucht werden können. Wie bereits gesagt, gehört es für Habermas zur Gesellschaftstheorie, die Mechanismen zu ermitteln, die die Weiterentwicklung der Gesellschaft verhindern, und außerdem das Entwicklungspotenzial aufzuzeigen, das zu entfalten sei. Letzteres geschieht, wenn Habermas das Konfliktpotenzial beschreibt, das an den Nahtstellen von System und Lebenswelt entsteht. An diesem Kristallisationspunkt werden Eingriffe in die Gesellschaft, wird ihre Veränderung und Weiterentwicklung möglich. Auf diese Nahtstelle zwischen System und Lebenswelt werde ich im zweiten Habermas-Kapitel zurückkommen. Ob sich allerdings das Medium der »öffentlichen Kommunikation« (Habermas 1990, 165), auch »Solidarität« genannt (Habermas 1990, 93)[9], gegen die Medien Geld und Macht wird behaupten können, »ist eine Frage, die theoretisch nicht zureichend beantwortet werden kann und daher in eine praktisch-politische Frage gewendet werden muß« (Habermas 1990, 196). Als Handlungstheoretiker, der er stets geblieben ist, zeigt Habermas genau die Orte für die verändernden Eingriffe, die ihm erfolgversprechend scheinen. Ob sie allerdings tatsächlich erfolgreich sein werden, muss sich in der Praxis erweisen.

NIKLAS LUHMANN

Geschichtsverlauf und Gesellschaftsanalyse

Luhmann hat eine ganz andere Geschichtsauffassung als Habermas. Er betont, dass man beim Reichtum geschichtlicher Entwicklung nur mit aller Vorsicht von historischen Übergängen und noch vorsichtiger von klaren Einschnitten reden kann. Solche Übergänge vollziehen sich evolutionär und allmählich, manchmal über Jahrhunderte hinweg. Auch dürfe man die Geschichte nicht als eine Art gesetzmäßig ablaufenden Kausalprozess betrachten. (Vgl. Luhmann 1975, 150) Dazu hatte Dilthey sich ja schon geäußert. »Und doch gibt es unbestreitbar so etwas wie Typenunterschiede und ganz ohne Zweifel Entwicklungssequenzen, die auf vorherigen Errungenschaften aufbauen.« (Luhmann 1997, 609) Auch bei Luhmann finden wir Übergänge in historischem Dreischritt: Er kennt segmentär, stratifikatorisch und funktional differenzierte Gesellschaften. Die Entwicklungsmöglichkeiten innerhalb einer Form der gesellschaftlichen Differenzierung sind begrenzt. Stoßen sie an ihre Grenzen, vollzieht sich nach und nach ein langwieriger Übergang zur nächsten Differenzierungsform. Wo liegt der Einsatzpunkt dieses Prozesses? In segmentären Gesellschaften kann zum Beispiel eine Familie unter den bisher gleichen eine herausragende Stellung erlangen. Eine solche Entwicklung bildet den Kristallisationspunkt für den Aufbau einer Hierarchie und den Übergang zur stratifikatorisch differenzierten Gesellschaft. Luhmann sagt dazu Folgendes:

»Die Bedeutung von Differenzierungsformen für die Evolution von Gesellschaft geht auf zwei miteinander zusammenhängende Bedingungen zurück. Die erste besagt, daß es innerhalb vorherrschender Differenzierungsformen begrenzte Entwicklungsmöglichkeiten gibt. So können in segmentären Gesellschaften größere, wiederum segmentäre Einheiten gebildet werden, etwa Stämme oberhalb von Haushalten und Familien; oder in stratifikatorisch differenzierten Gesellschaften innerhalb der Grunddifferenz von Adel und gemeinem Volk weitere Ranghierarchien. [...] Ein Familienhaushalt kann innerhalb segmentärer Ordnungen besondere Prominenz, auch erbliche Prominenz gewinnen (etwa als Priesterfamilie oder als Häuptlingsfamilie) [...]. Evolution erfordert an solchen Bruchstellen eine Art latente Vorbereitung und eine Entstehung neuer Ordnungen innerhalb der alten, bis sie ausgereift genug sind, um als dominierende Gesellschaftsformation sichtbar zu werden und der alten Ordnung die Überzeugungsgrundlage zu entziehen.« (Luhmann 1997, 611 f.)

Auf diese Weise bilden sich in segmentären Gesellschaften nach und nach Hierarchien heraus, sodass man davon sprechen kann, dass in segmentären oder tribalen Gesellschaften bereits Vorformen der nächsten, der stratifikatorisch differenzierten Gesellschaft zu finden sind. »Jedenfalls kann man sagen, daß bereits tribale Gesellschaften mit der Anerkennung von Rangunterschieden und einer entsprechenden Deformierung von Reziprozitätsverhältnissen experimentieren. Solche Formen können in stratifizierten Gesellschaften als preadaptive advances übernommen und weiterentwickelt werden.« (Luhmann 1997, 659) Auch in den hierarchisch oder stratifikatorisch differenzierten Adelsgesellschaften des Mittelalters, die sich auf dem beschriebenen Wege aus den segmentären Gesellschaften heraus entwickelt haben, finden wir Vorformen der funktional differenzierten Gesellschaft unserer Zeit. Man kann z. B. die Ablösung der Wirtschaft als funktionales System von der Politik beobachten. Ein Beispiel dafür ist die Tätigkeit der Familie Fugger. Luhmann sieht weiter, dass die Politik der Territorialstaaten bereits im 15. Jahrhundert eine

bemerkenswerte Unabhängigkeit von religiösen Fragen aufweist. Sie werden dadurch unabhängige politische Funktionssysteme. Ebenso gewinnt die Wissenschaft eigenständige Funktionalität. »Seit der massiven Förderung durch den Buchdruck, seit dem 16. Jahrhundert also, gewinnt auch die Wissenschaft Distanz zur Religion – zum Beispiel über einen emphatisch besetzten Naturbegriff, über spektakuläre Konflikte (Kopernikus, Galilei) und über die Inanspruchnahme der Freiheit zur Skepsis und zur neugierigen Innovation, wie sie weder auf die Politik noch auf die Religion hätte angewandt werden können.« (Luhmann 1997, 713) Somit erkennen wir eine parallel laufende »Ausdifferenzierung einer Mehrheit von Funktionssystemen. Und erst, wenn hinreichend viele Funktionen des Gesellschaftssystems dadurch abgedeckt sind, kann man die neue Ordnung aus sich selbst heraus interpretieren.« (Luhmann 1997, 713) Das ist dann der Fall, wenn »für Politik nur noch Politik, für Kunst nur noch Kunst, für Erziehung nur noch Anlagen und Lernbereitschaft, für die Wirtschaft nur noch Kapital und Ertrag zählen« (Luhmann 1997, 708). Dann setzt der Umschlag ein und eine neue Gesellschaftsform bildet sich heraus. »Seit dem letzten Drittel des 18. Jahrhunderts erfolgt die Ablösung der Funktionssysteme von Schichtprämissen und die Neutralisierung von Schichteinflüssen zunehmend gezielt – so in der juristischen Erfindung der allgemeinen Rechtsfähigkeit oder in der Umstellung des Erziehungssystems auf öffentliche Schulen für die Gesamtbevölkerung und im 19. Jahrhundert dann auch: durch Einrichtung eines durchorganisierten Prüfungswesens mit Spezialisierung auf die in den Schulen und Universitäten selbst erworbenen Kenntnisse und Fähigkeiten. Der Prozeß kann heute als abgeschlossen gelten.« (Luhmann 1997, 733)
Für die Analyse des Sozialen ergibt sich aus diesen unterschiedlichen Geschichtsauffassungen Folgendes: Das Soziale ist für Handlungstheoretiker wie Jürgen Habermas die Kombination von menschlichem, sinnhaftem, rationalem Handeln. Für Luhmann hingegen gilt: »Es ›kann nicht länger sinnvoll er-

scheinen, Rechts- und Gesellschaftswissenschaften vom Grundbegriff des Handelns aus zu konstruieren und sie damit auf das geringe Potential für Komplexität festzulegen. Vielmehr muß ein theoretischer Bezugsrahmen gesucht werden, der es ermöglicht, die Grenzen des Erlebnishorizontes des Handelnden zu sprengen und mehr Komplexität zu erfassen.‹« (Schelsky 1980, 97) Schelsky schreibt dazu: Luhmann »sucht einen theoretischen ›Bezugsrahmen‹, der es ermöglicht, die Grenzen des Erlebnishorizontes des Handelnden zu sprengen und mehr Komplexität zu erfassen. ›Komplexität‹ heißt die Fülle aller sozialen Tatbestände, Determinanten und Abhängigkeiten, Beziehungen und Strukturen, die die verschiedenen Sozialwissenschaften erkannt haben, zusammen mit den nichtsozialen, also naturwissenschaftlich-technischen, psychologischen, biologischen und kulturellen Bezügen, die irgendwie auf diese sozialen Vorgänge einwirken. In der Tat: Das Handlungsbewußtsein der Einzelperson ist unfähig, alle diese Bezüge zu erfassen und in seine Handlungsmotivationen und Orientierungen, in seinen Willen und seine Entscheidungen aufzunehmen.« (Schelsky 1980, 90) Damit hat Schelsky den Kern der theoretischen Überlegungen von Luhmann getroffen. Handelnde Menschen seien unfähig, die soziale Komplexität zu erfassen. Luhmann gewinnt die Einsicht, dass es Gesetzmäßigkeiten geben müsse, auf deren Basis sich soziale Probleme immer wieder von selbst und ohne menschlichen Eingriff lösen. Wir wissen von ihm, dass die Gesamtgesellschaft sich selbst erhält, sich in Krisensituationen reproduziert und selbst wieder stabilisiert. Das geschieht durch das Zusammenwirken vieler autopoietischer Systeme, wie Wirtschafts-, Rechts-, Wissenschaftssystem, die alle überhaupt nur Interesse am eigenen Bestand haben. Dadurch erhalten sie die Gesamtgesellschaft und ihre Funktionen. Das ist vergleichbar mit der Figur der »invisible hand« bei Adam Smith. Adam Smith sagt: »Tatsächlich hat [jeder Mensch] nur seinen eigenen Vorteil und nicht den der Gesellschaft im Auge. [...] Verfolgt er sein eigenes Interesse, so fördert er das der

Gesellschaft weit wirksamer, als wenn er dieses wirklich zu fördern beabsichtigt. Ich habe niemals gesehen, daß diejenigen viel Gutes bewirkt hätten, die sich den Anschein gaben, um des Gemeinwohls willen Handel zu treiben. Es ist dies tatsächlich nur eine Pose.« (Smith 1973, 40–44) Auch der hundert Jahre nach Adam Smith geborene Herbert Spencer, auf den sich Luhmann stützt, vertritt die Auffassung, dass das natürliche Gleichgewicht sich in der Gesellschaft von selbst herstellt. (Vgl. Spencer 1887, 20)

Gesellschaftsentwicklung

In einer funktional differenzierten Gesellschaft bleibt jedes System notwendigerweise autonom und muss seine ihm zugeschriebene Aufgabe erfüllen. Für die Gesellschaftsentwicklung müssen aber alle Systeme zusammenwirken. Wie ist das zu gewährleisten, wenn alle dennoch autonom bleiben sollen? Sie müssten so miteinander gekoppelt werden, dass Koordination möglich wird; anderenfalls geschieht nach Luhmanns Auffassung Folgendes:

»Die Politik verspricht Arbeitsplätze ›zu schaffen‹, obwohl es sich um bezahlte Arbeit handeln soll und Zahlungen nur in und nur auf Kosten der Wirtschaft geleistet werden können. Sie subventioniert Produktion, obwohl sie weiß, daß sie nicht in der Lage ist, Märkte für die Produkte der subventionierten Betriebe zu schaffen. Sie fördert den Zugang zu höherwertigen Ausbildungen, ohne für entsprechende Beschäftigungsmöglichkeiten sorgen zu können. Sie verfolgt verschiedene, je für sich gute Ziele, ohne zuzugeben, daß die Verfolgung des einen Ziels die des anderen sabotiert. Sie fördert zum Beispiel mit Entwicklungshilfe die ökonomische Entwicklung anderer Länder, blockiert aber zugleich zum Schutze der eigenen Märkte Importe aus diesen Ländern. Sie forciert ökologische Auflagen und betreibt zugleich Mittelstandsförderung, obwohl ökologische Auflagen gerade von kleineren Betrieben oft nicht mehr zu finanzieren sind. Sie verhindert, daß Löhne den Märkten angepaßt werden, also auch sinken können, und zwingt dadurch die Wirtschaft zu kapitalintensiven, nicht aber arbeitsintensiven Investitionen und Technologien.« (Luhmann 1995a, 127f.)

Aus den genannten Gründen können politische Entscheidungen vielfach dysfunktional sein. Es müssen zwar Koordinationen erfolgen, aber man müsse – um Enttäuschungen vorzubeugen – die begrenzte Wirksamkeit von politischen Entscheidungen sehen. Niklas Luhmann sagte mir in einem Gespräch einmal lakonisch: »Wenn geplant wird, reagiert man auf Planung. Das ist nicht ohne Effekt, aber es sind selten die Effekte, die man haben will.« Als Beispiel kann das Detergenziengesetz gelten. Anfang der Sechzigerjahre waren die Flüsse durch Abwässer so stark verschmutzt, dass ein Gesetz erlassen wurde, das vorschrieb, nur noch Waschmittel zu produzieren, die biologisch abbaubar sind. Die Mikroben vermehrten sich nach der Umsetzung des Gesetzes so stark, dass die Flüsse mit Algen zuwuchsen und zu sterben drohten. Der Effekt war also ein anderer als der, den man haben wollte. Auch im Falle des Stabilitätsgesetzes aus dem Jahre 1968 konnten wir dieses Phänomen der Nichtsteuerbarkeit beobachten.
Hat denn nun keines der gesellschaftlichen Subsysteme Vorrang, sodass es die anderen zum Zweck der Herstellung des Gemeinwohls steuern könnte? Luhmann ist der Auffassung, dass das System, welches die höchste Versagensquote hat, das System ist, das faktisch dominiert, »weil der Ausfall von spezifischen Funktionsbedingungen nirgendwo kompensiert werden kann und überall zu gravierenden Anpassungen zwingt« (Luhmann 1997, 769). Wenn in einem der Systeme etwas in der Weise nicht funktioniert, dass die anderen Systeme darunter leiden, widme man diesem System besondere Aufmerksamkeit und passe es an die Erfordernisse an. Von Verbesserungen in einem solchen System verspreche man sich einen größeren Effekt als in einem anderen System. Aber das ist nur scheinbar der Fall. Wir haben in dieser Hinsicht viele Erfahrungen ma-

chen müssen: etwa wenn ein marodes Wirtschaftssystem in der Hoffnung subventioniert wurde, dass man sich auf dem Boden einer stabilen Wirtschaft anderen Problemen würde erfolgreich zuwenden können. Wirtschaftlich lief es dann nicht oder nur vorübergehend besser. Zwischenzeitlich traten in anderen Systemen neue und andere Probleme auf, die gelöst werden mussten: mit ähnlichen Effekten. Man hat auch die Erfahrung machen müssen, dass die Politik Investitionsanreize gab, dies aber der Wirtschaft verdächtig erschien, sodass daraufhin gerade das Gegenteil von dem geschah, was politisch intendiert war. Die »Unübersichtlichkeit schließt es praktisch aus, in den Beziehungen zwischen den Systemen mögliche Veränderungen und ihre Auswirkungen durchzukalkulieren« (Luhmann 1997, 763). Planungen haben bestenfalls unerwünschte Nebeneffekte, die zu ungeplanten Strukturänderungen, also zur weiteren Evolution führen.

Das Verfolgen der jeweiligen Eigeninteressen der Systeme in einer funktional differenzierten Gesellschaft allein reicht allerdings nicht aus; zur Herstellung des Gemeinwohls muss außerdem eine gewisse Koordination zwischen den Systemen gewährleistet sein. Eine solche ist ohnehin notwendig, denn »würde man die moderne Gesellschaft lediglich als eine Menge von autonomen Funktionssystemen beschreiben, die einander keine Rücksicht schulden, sondern den Reproduktionszwängen ihrer eigenen Autopoiesis folgen, ergäbe das ein höchst einseitiges Bild. Es wäre dann schwer zu verstehen, wieso diese Gesellschaft nicht binnen kurzem explodiert oder in sich zerfällt.« (Luhmann 1997, 776) Der Zusammenhalt der Systeme werde durch die strukturelle Kopplung garantiert. Sie könne durchaus zwingende Wirkung haben. So kann das Schulsystem sich nicht beliebig verhalten, wenn es rechtlicherseits Einschränkungen erfährt. Das politische System kann Druck auf das Bildungssystem ausüben, indem es mit anderen Bundesländern vergleichbare Abiturleistungen verlangt. Luhmann nennt einige Beispiele für strukturelle Kopplungen, die ich hier summarisch aufführe:

»(1) Die Kopplung von Politik und Wirtschaft wird in erster Linie durch Steuern und Abgaben erreicht. [...] (2) Die Kopplung zwischen Recht und Politik wird durch die Verfassung geregelt. [...] (3) Im Verhältnis von Recht und Wirtschaft wird die strukturelle Kopplung durch Eigentum und Vertrag erreicht. [...] (4) Wissenschaftssystem und Erziehungssystem werden durch die Organisationsform der Universitäten gekoppelt. [...] (5) Für die Verbindung der Politik mit der Wissenschaft [gibt es die Expertenberatung] [...] (6) Für die Beziehungen zwischen Erziehungssystem und Wirtschaft (hier: als Beschäftigungssystem) liegt der Mechanismus struktureller Kopplung in Zeugnissen und Zertifikaten. [...] Wir belassen es bei diesen Beispielen. Man könnte weitere nennen, etwa das ›Krankschreiben‹ im Verhältnis von Medizinsystem und Wirtschaft oder Kunsthandel (Galerien) im Verhältnis von Kunstsystem und Wirtschaftssystem.« (Luhmann 1997, 781 ff.)

Diese eben aufgeführten Medien, die zwischen den Funktionssystemen vermitteln, geben aber nicht in allen Fällen eine Garantie dafür ab, dass die Kopplung gelingt, denn es kann etwas politisch geboten erscheinen, was rechtlich nicht erlaubt ist. Luhmann nennt das konstruktivistische Sichtweisen, obwohl er selbst ein Kritiker des Konstruktivismus ist. (Vgl. Luhmann 1993, 31)[10] Genauer wäre es, wenn Luhmann von kontextualistischer Epistemologie, etwa im Sinne Brandoms, Kuhns[11] oder Williams' sprechen würde. Der Blick kann wandern. Er kann »vom politischen System auf das Recht oder vom Rechtssystem auf die Politik gerichtet« werden. (Luhmann 2000, 391) So kann die Gleichstellung homosexueller Partnerschaften mit der Ehe politisch geboten erscheinen. Das Rechtssystem hingegen könnte darin einen Verstoß gegen den Artikel 6 des Grundgesetzes erblicken.
Ein System kann ein anderes irritieren. Ob das andere daraufhin seine Operationen ändert, ist offen. »Irritation« und »Operation« sind Begriffe aus Luhmanns politischer Evolutionstheorie. Die politische Planung der Regierung ist das Angebot an andere Systeme, die vorgeschlagene Variation ihres bishe-

rigen Verhaltens im Sinne der Steigerung des Gemeinwohls wahrzunehmen und sich dadurch irritieren zu lassen. Diese Irritation kann eine Selektion auslösen, die zur tatsächlichen Umstellung der eigenen Operationen führt und dann ein »Restabilisierungsproblem« aufwirft. Die Abfolge ist demnach folgende: Die Politik bietet Reformen an, die beispielsweise vom Gesundheitssystem wahrgenommen werden. Das Gesundheitssystem lässt sich irritieren. Nun ist die Frage, ob es sich auch determinieren lässt. Ist das der Fall, variiert es seine eigenen Operationen, die abgestimmt werden müssen. Das nennt Luhmann Restabilisierung. Systeme verbinden sich also zum Gesamtsystem Gesellschaft durch die verschiedenartigsten strukturellen Kopplungen. Nur so können die verschiedenen gesellschaftlichen Subsysteme Verantwortung für die Gesellschaftsentwicklung übernehmen. Hierbei handelt es sich jedoch nicht um eine bewusste Verantwortungsübernahme, denn im Vordergrund steht immer das Interesse an Selbsterhaltung. Sähe beispielsweise das Gesundheitssystem seine Erhaltung durch die von der Politik vorgeschlagene Reform gefährdet, würde es sich nicht vom politischen System determinieren lassen.

Halten wir am Schluss fest: Die von Eigeninteressen geleiteten Systeme müssen sich zwecks Koordination koppeln. Die Frage ist, ob die Kopplung gelingt. Luhmanns lakonische Antwort in seiner politischen Evolutionstheorie lautet: »Entweder gelingt die strukturelle Kopplung oder sie gelingt nicht.« Gelingt sie, dann entsteht etwas Neues. Gelingt sie nicht, ist das evolutionäre Potenzial aufgebraucht. (Vgl. Luhmann 1997, 413 ff.)

5. Das Verhältnis von Individuum und Gesellschaft

Nun komme ich zu dem zentralen Problem der Sozialphilosophie, das Axel Honneth schon ansprach. (Vgl. Honneth 1994a, 18) Es ist das Verhältnis von Individuum und Gesellschaft, dem sich - wie bereits gesagt - Hobbes und Rousseau, aber auch Locke, Kant und andere, später beispielsweise Horkheimer, widmeten. Insofern ist der Beginn der Sozialphilosophie früher anzusetzen als im 19. Jahrhundert. Man könnte die Aufzählung der mit dieser Problematik sich befassenden Autoren unendlich verlängern. Die vier eben genannten »Kontraktualisten« sind wohl die zugleich bedeutendsten in der Theoriegeschichte. Im Folgenden wird der Versuch unternommen, alle vier in knappster Form darzustellen, um Entwicklungslinien der Theoriebildung in diesen ersten Jahrhunderten der Neuzeit aufzuzeigen, die darauf zielten, die eigene soziale Daseinsweise deuten zu können.

Der amerikanische Soziologe Talcott Parsons (1902-1979), der sich sein Leben lang mit dem Verhältnis von Individuum und Gesellschaft beschäftigte, an die von den Kontraktualisten behandelte Problematik anknüpfte (vgl. Parsons 1967, 89 ff.) und seine Konzeption beständig weiterentwickelte, soll als Vertreter der Gegenwart hier den angemessenen Platz finden. Habermas schrieb über Parsons: »Aus dem Kreis der produktiven Gesellschaftstheoretiker hat [...] niemand mit gleicher Intensität und Unermüdlichkeit das Gespräch mit den Klassikern der Disziplin aufgenommen und den Anschluß der eigenen Theorie an die Tradition hergestellt« wie Parsons. (Habermas 1981a, 298) Das rechtfertigt es, einige Theoretiker, die zeitlich zwischen den genannten neuzeitlichen und den gegenwärtigen anzusiedeln sind, in dieser Einführung nicht darzustellen.

Eingegangen wird allerdings noch auf Émile Durkheim, auf den Parsons sich in *The Structure of Social Action* bei der Diskussion des Ordnungsproblems gegenwärtiger Gesellschaften bezieht und auf den er im Verlauf seiner Theorieentwicklung immer wieder zurückgekommen ist. (Vgl. Müller 1999, 167) Nicht nur das, Durkheim ist der Bezugstheoretiker für die Soziologie schlechthin geworden, ohne dass er als solcher entsprechend gewürdigt wurde oder die Professionsangehörigen es bewusst wahrnahmen. (Vgl. Müller 1999, 165 ff.) Habermas hat sich seinerseits auf Parsons gestützt, »das Gespräch mit ihm aufgenommen und seine eigene Theorie in dessen Tradition gestellt« (Habermas 1981a, 28), ebenso wie Luhmann, der zeitweise Mitarbeiter von Parsons war. Beide haben daraus jeweils andere Schlüsse gezogen, die später dargestellt werden.

THOMAS HOBBES[12]

Im Naturzustand sind die Individuen, so Thomas Hobbes (1588–1679), wenig geneigt, Regeln zu befolgen, die allen gleichermaßen ihre Freiheit gewähren würden. Die Gründe dafür seien die natürlichen Eigenschaften der Menschen, wie Konkurrenz, Misstrauen und Ruhmsucht. (Vgl. Hobbes, 1974)[13] Das ist der Grund, warum nach Hobbes dem Staat, dem Leviathan, die Aufgabe zufällt, die Freiheit aller durch den Staatsvertrag, der ordnungsgebend ist, zu sichern.
Um die Freiheit aller erhalten zu können, gibt es laut Hobbes neunzehn »natürliche Gesetze« (Hobbes 1974, 118), die es den Menschen gestatteten, Freiheit in Anspruch zu nehmen und, falls sie durch staatliche Gesetze beschränkt würde, einzuklagen. Das grundlegende natürliche Gesetz ist ein Vernunftgesetz: »Das natürliche Gesetz aber ist eine Vorschrift oder allgemeine Regel, welche die Vernunft lehrt, nach welcher keiner dasjenige unternehmen darf, was er als schädlich für sich selbst anerkennt.« (Hobbes 1974, 118) In dieser Formulierung

ist die goldene Regel enthalten, die Hobbes mehrfach in unterschiedlichen Zusammenhängen anführt (vgl. Hobbes 1994, 110 und 1974, 120): Aus der grundlegenden Regel, dass man nichts gegen andere unternehmen dürfe, was einem selbst schaden würde, wenn andere es täten, entwickelt Hobbes die weiteren natürlichen Gesetze. Er rekurriert zunächst noch einmal auf den Naturzustand, in dem alle ein Recht auf alles haben. Das führt nicht unbedingt zum offenen Krieg aller gegen alle. Doch in einem ungeschützten Zustand wäre die Ruhe dahin, weil man stets achtsam sein müsse; selbst der Stärkste könne sich nicht für sicher halten. »Also ist folgendes eine Vorschrift oder allgemeine Regel der Vernunft: suche Frieden, solange nur Hoffnung darauf besteht; verschwindet diese, so schaffe dir von allen Seiten Hilfe und nutze sie; dies steht dir frei. Der erste Teil dieser Regel enthält das erste natürliche Gesetz: suche Frieden und jage ihm nach; der zweite Inbegriff des Naturrechts: jeder ist befugt, sich durch Mittel und Wege aller Art selbst zu verteidigen.« (Hobbes 1974, 119) Damit hat Hobbes in enger Verbindung mit dem Naturzustand und aus ihm heraus das erste natürliche Gesetz entwickelt, das bewirken soll, dass in einer individualisierten Gesellschaft jeder in Ruhe schlafen könne und nicht ständig auf der Hut vor fremden Übergriffen sein müsse. Es ist also nicht vom offenen und ständig tobenden Krieg aller gegen alle die Rede, sondern von der Unsicherheit, die im Naturzustand die Menschen in Unruhe versetzt. (Vgl. Kaufmann 1996, 69) Diese Unsicherheit und die Gefahr eines gewaltsamen Todes sollen durch die natürlichen Gesetze, die uns die Vernunft gibt, beseitigt werden.

Aus dem ersten natürlichen Gesetz entwickelt sich für Hobbes das zweite: »Sobald seine Ruhe und Selbsterhaltung gesichert ist, muß auch jeder von seinem Rechte auf alles – vorausgesetzt, daß andere dazu auch bereit sind – abgehen und mit der Freiheit zufrieden sein, die er den übrigen eingeräumt wissen will.« (Hobbes 1974, 119) Hier wird also die Bereitschaft gefordert, seine natürliche Freiheit beschränken zu lassen, wenn

andere ebenso dazu bereit sind. Lassen sich die Menschen nicht darauf ein, dauert der Krieg aller gegen alle in dem explizierten Sinne weiter an. Ihn andauern zu lassen wäre allerdings höchst töricht und würde obendrein nicht den natürlichen Gesetzen entsprechen. In dem zweiten natürlichen Gesetz wird die goldene Regel noch klarer offenbart als im grundlegenden natürlichen Gesetz. An dieser Stelle zitiert Hobbes zum Beleg die goldene Regel aus dem Lukas- bzw. dem Matthäus-Evangelium und ebenso das allgemein bekannte Sprichwort: »Was andere dir nicht tun sollen, tue ihnen auch nicht!« (Hobbes 1974, 120; vgl. Hobbes 1994, 110) Nach der hobbesschen Einschätzung der Menschen im Naturzustand kann man nicht erwarten, dass die Menschen freiwillig diese Bereitschaft aufbringen. Hierzu bedürfe es der Sanktionsmacht des Staates. (Vgl. Nida-Rümelin 1996, 122)
Hobbes entwickelte insgesamt neunzehn natürliche Gesetze, die im Wesentlichen Präzisierungen des Grundsatzes sind, wie z. B. das zehnte, in dem es heißt, dass bei einem Friedensschluss niemand ein Recht für sich verlangen dürfe, das er nicht ebenso anderen zugesteht. (Vgl. Hobbes 1974, 138) Den Kern aller Regeln bildet das Friedensgebot. (Vgl. Kersting 2000, 298) Die Regeln sind höchst heterogen. Manche kann man gar nicht als Gesetze bezeichnen, sondern als Ausführungsbestimmungen, die den genannten Grundsatz zu ihrer Basis haben, wie z. B. das elfte natürliche Gesetz, in dem es heißt, dass der Richter in Streitsachen unparteiisch sein müsse. Die Gesetze 11 bis 19 sind rechtliche Ausführungsbestimmungen; und die Gesetze 3 bis 10 sind Präzisierungen der Regelungen menschlicher Interaktionen oder moralische Grundsätze, wie z. B. das achte, das besagt, dass »niemand durch Tat, Wort, Miene oder Gebärde Verachtung oder Haß« gegen andere zeigen dürfe. (Hobbes 1974, 137)
Von Rang ist das dritte natürliche Gesetz, dem zufolge vertragliche Abkommen erfüllt werden müssen. (Vgl. Hobbes 1974, 129) Dieses Gesetz ist insofern von Gewicht, als Hobbes hier seinen Begriff von Gerechtigkeit entwickelt und dem Kontrakt

seine Basis verleiht: »Dies Gesetz bestimmt das, was Gerechtigkeit genannt werden muß.« (Hobbes 1974, 129) Ungerecht sei es, wenn jemand seinen Vertrag nicht erfüllt. Hobbes schränkt hiermit die Gerechtigkeit auf die distributive Form ein (vgl. Nida-Rümelin 1996, 112), denn weiter gehend wird aus diesem Gesetz Hobbes' Gerechtigkeitsgrundsatz gefolgert: »Gerechtigkeit ist der feste Entschluß, jedem das Seine zu geben.« (Hobbes 1974, 130, sich auf die Digesten 1.1.10 beziehend) Gerecht handle derjenige, der sich bemüht, die natürlichen Gesetze zu befolgen. (Vgl. Hobbes 1974, 141) Hobbes hält ihre Befolgung allerdings nicht für möglich, solange nicht eine kontrollierende Macht ihre Einhaltung gebietet und überprüft. Eingangs des 17. Kapitels des *Leviathans* schreibt er: »Gesetze und Verträge können an und für sich den Zustand des Krieges aller gegen alle nicht aufheben; denn sie bestehen in Worten, und bloße Worte können keine Furcht erregen.« (Hobbes 1974, 151) Die weiter oben schon angesprochene kontrollierende und höchste Gewalt im Staate ist der Souverän, dem die Macht von allen anderen, die sich auch den Gesetzen unterwerfen, freiwillig übertragen wird. (Vgl. Hobbes 1974, 156) Der freiwillige Übertragungsakt der Rechte ist zugleich die Gründung des Staates. Die Staatsgründung »beruht auf dem Vertrage eines jeden mit einem jeden, wie wenn ein jeder zu einem jeden sagte: ›Ich übergebe mein Recht, mich selbst zu beherrschen, diesem Menschen oder dieser Gesellschaft unter der Bedingung, daß du ebenfalls dein Recht über dich ihm oder ihr abtrittst.‹« (Hobbes 1974, 155) Der Staat, der Leviathan, ist nach Hobbes das einzige Mittel zur Einhaltung des Vertrages. Er stellt die Zwangsmacht dar, die für die Achtung und Befolgung der natürlichen Gesetze Sorge tragen kann. Somit ist seine Errichtung im Interesse aller, da in ihm die ersehnte und erstrebte Sicherheit und der ersehnte Frieden gewährleistet werden.

So weit die von Hobbes dargelegte Überlegung, wie es zur Staatsgründung kommt. Der Soziologe Norbert Elias zeigt im zweiten Band seines Werkes *Über den Prozeß der Zivilisation* den sozialen Zwang zur Bildung von »zivilen« Staaten auf. Dieser Prozess verläuft über die Stadien der Feudalisierung von mittelalterlichen Herrschaftsverbänden, die Monopolisierung ökonomischer und politischer Machtmittel in den höfisch-absolutistischen Gesellschaften der Neuzeit im Frankreich des 17. und frühen 18. Jahrhunderts und die Vergesellschaftung dieser Monopole in den bürgerlichen Nationalstaaten des 19. Jahrhunderts.

In der Einleitung zu Hobbes' *Leviathan* heißt es:

»Der große Leviathan (so nennen wir den Staat) ist ein Kunstwerk oder ein künstlicher Mensch – obgleich an Umfang und Kraft weit größer als der natürliche Mensch, welcher dadurch geschützt und glücklich gemacht werden soll. Bei dem Leviathan ist derjenige, welcher die höchste Gewalt besitzt, gleichsam die Seele, welche den ganzen Körper belebt und in Bewegung setzt; die Obrigkeiten und Beamten stellen die künstlichen Glieder vor; die von der höchsten Gewalt abhängenden Belohnungen und Bestrafungen, wodurch jeder einzelne zur Erfüllung seiner Obliegenheiten angehalten wird, vertreten die Stelle der Nerven; das Vermögen einzelner Personen ist hier die Kraft, so wie das Glück des Volkes das allgemeine Geschäft; die Staatsmänner, von welchen die nötigen Kenntnisse erwartet werden, sind das Gedächtnis; Billigkeit und Recht eine künstliche Vernunft; Einigkeit ist gesunder, Aufruhr hingegen kranker Zustand und Bürgerkrieg der Tod. Die Verträge endlich, welche die Teile dieses Staatskörpers verbinden, sind jenem bei Erschaffung der Welt von Gott gebrauchten Machtworte gleich: Es werde oder laßt uns Menschen machen.« (Hobbes 1974, 5 f.)

In dieser an den göttlichen Schöpfungsakt erinnernden Erschaffung des Staates durch Menschen ist von Hobbes der Übergang zur Neuzeit plastisch gemacht worden: Nicht mehr von Gott sind die Regeln des Zusammenlebens gegeben, sondern sie sind vom Menschen geschaffen. Der Mensch gewinnt zunehmend Autonomie, er befreit sich von mythischen und religiösen Mächten. Das ist der historische Zeitpunkt, den auch Parsons im Auge hat, wenn er seine Überlegungen zum Verhältnis von Individuum und Gesellschaft beginnt, wie wir später noch sehen werden. (Vgl. Parsons 1937, 88) Im viel diskutierten Titelkupfer der ersten Auflage des *Leviathans* drückt sich diese Sichtweise von Hobbes aus: Der riesige Mensch, der in Gestalt des Herrschers den Staat darstellt, ist aus lauter kleinen Menschen zusammengesetzt. Jeder Einzelne schließt mit dem Leviathan in der Person des Herrschers den Vertrag und gibt ihm seine Freiheit zur Verwaltung. Das erkennt Hobbes als das ordnungsgebende Prinzip moderner Gesellschaften. Nicht von ungefähr gibt Hobbes dem Staat den Namen Leviathan. In Hiob 41, 24 heißt es in der 1912 neu bearbeiteten Luther-Übersetzung über das Seeungeheuer Leviathan, den von Hobbes gemeinten Sachverhalt treffend: »Auf Erden ist seinesgleichen niemand; er ist gemacht, ohne Furcht zu sein.« Der Staat erscheint als der Allmächtige, der alles regeln kann, weil er über alles Macht hat. Die Konsequenz, die Hobbes im 21. Kapitel des *Leviathans* aufzeigt, unterstreicht diese Bedeutung des Souveräns für die Erhaltung der Ordnung und damit der Wahrung des Friedens noch einmal nachdrücklich: »Die Verpflichtung der Bürger gegen den Oberherrn kann nur solange dauern, als dieser imstande ist, die Bürger zu schützen.« (Hobbes 1974, 197) Die Bürger müssen andererseits dem Souverän nur so lange Gehorsam erweisen, wie seine Befehle den göttlichen Gesetzen nicht zuwiderlaufen (vgl. Hobbes 1974, 295), denn Gott ist selbst ein Souverän, und zwar der höchste. (Vgl. Hobbes 1974, 301) Von diesem höchsten Souverän hat der Herrscher seine Macht. Missbraucht er sie oder kann er sie nicht mehr ausüben, zerfällt alles wieder in die Anarchie des Naturzustandes. (Vgl. Maier 1986, 277)

Richten wir unser Augenmerk bei John Locke (1632–1704) wieder auf das Verhältnis von Individuum und Gesellschaft, so stellt sich erneut die Frage, aus welchem Grund sich das Individuum des Naturzustands einer Gesellschaft anschließen sollte. Geht man von dieser Fragestellung aus, scheint der Naturzustand für Locke nichts anderes zu sein als schon für Hobbes. Bei Locke heißt es zum Naturzustand:

»Wenn der Mensch im Naturzustand so frei sei, wie gesagt worden ist, wenn er der absolute Herr seiner eigenen Person und Besitztümer ist, dem Größten gleich und niemandem untertan – warum soll er seine Freiheit aufgeben? Warum soll er auf diese Selbstherrschaft verzichten und sich der Herrschaft und dem Zwang anderer Gewalt unterwerfen? Die Antwort darauf liegt auf der Hand; denn wenn er im Naturzustand auch ein solches Recht hat, so kann er sich seiner doch nur mit wenig Sicherheit erfreuen und ist fortwährend den Übergriffen anderer ausgesetzt. Da nämlich alle in demselben Maße König sind wie er selbst, da alle Menschen gleich sind und der größere Teil von ihnen sich nicht streng an Billigkeit und Gerechtigkeit hält, ist der Besitz seines Eigentums in diesem Zustand höchst unsicher und höchst ungewiß. Das läßt ihn bereitwillig einen Zustand aufgeben, der bei aller Freiheit voll ist von Furcht und ständiger Gefahr, und nicht ohne Grund verlangt es ihn und ist er bereit, sich zu einer Gesellschaft mit anderen zu verbinden, die sich entweder schon vereinigt haben oder doch die Absicht haben, sich zu vereinigen – zur gegenseitigen Erhaltung ihres Lebens, ihrer Freiheit und Güter, was ich ganz allgemein Eigentum nenne.« (Locke 1974, IX, 123)[14]

Der Schutz des Eigentums sei der vorrangige Grund für die Vereinigung der Individuen zu einer Gesellschaft: »Das große und hauptsächliche Ziel also, zu dem sich Menschen in Staatswesen zusammenschließen und sich unter eine Regierung stellen, ist die Erhaltung ihres Eigentums. Im Naturzustand fehlt dazu vielerlei.« (Locke 1974, IX, 124) Im Naturzustand

hat der Mensch zwar das Recht, denjenigen, der sein Eigentum verletzt, zu töten (vgl. Locke 1974, III, 18), doch ist das kein zuverlässiger Schutz. Darüber hinaus muss der Einzelne in ständiger Angst und Ungewissheit leben. Es ist im Naturzustand so, wie Hobbes bereits vor Locke annahm: dass der Einzelne fortwährend auf der Hut sein müsse und nicht ruhig schlafen könne. Auch bei Hobbes herrschte ja im Naturzustand nicht – wie der Locke-Interpret Walter Euchner fälschlich annimmt – der Krieg aller gegen alle, doch ähnlich wie bei Locke herrscht im hobbesschen Naturzustand Unsicherheit, und es lauern Gefahren, vor allem – und das ist neu gegenüber Hobbes – Gefahr für das Eigentum. (Vgl. Euchner 1968, 12)
Wie funktioniert nun diese schützende Gesellschaft, wenn sie ihrer Aufgabe gerecht werden will? Indem der Einzelne seine Rechte an die Gesellschaft überträgt. Locke spricht nicht wie Hobbes von dem Souverän, auf den die Rechte übertragen werden, sondern von der Gesellschaft. Doch die Übertragung auf die Gesellschaft erfährt Einschränkungen: »Aber obwohl die Menschen mit ihrem Eintritt in die Gesellschaft auf die Gleichheit, Freiheit und Exekutivgewalt des Naturzustandes verzichten, um sie in die Hände der Gesellschaft zu legen, damit die Legislative so darüber verfügen kann, wie es das Wohl der Gesellschaft verlangt, so geschieht das doch nur mit der Absicht jedes einzelnen, sich die Freiheit und das Eigentum um so besser zu erhalten (denn von keinem vernunftbegabten Lebewesen wird man annehmen, daß es seine Lebensbedingungen mit der Absicht verändert, sie zu verschlechtern).« (Locke 1974, X, 131) Der Einzelne gibt also seine Rechte mit dem Eintritt in die Gesellschaft nicht auf; er gibt sie im Gegensatz zur hobbesschen Konstruktion nicht an einen anderen Menschen, an einen Souverän ab. Individuen und Gemeinschaft vereinbaren kann man nach Locke am besten durch das Mehrheitsprinzip. Gäbe es dieses Prinzip nicht, dann wäre der Eintritt in die Gesellschaft zu vergleichen mit dem Eintritt Catos in das Theater. Er ginge nur hinein, um gleich wieder herauszugehen. (Vgl. Locke 1974, VIII, 98) Um weiteren Ge-

fahren zu entgehen, die dem Machtstreben des Menschen entspringen, müsse es in der Gesellschaft Gewaltenteilung geben. Locke unterscheidet zwischen Legislative und Exekutive, konstruiert also genau wie später Rousseau ein duales System der Gewaltenteilung im Gegensatz zur klassischen Dreiteilung, wie wir sie bereits in Aristoteles' *Politik*, in Montesquieus *De l'esprit des lois* und auch später bei Kant finden. Die Legislative ist bei John Locke zwar die höchste Gewalt, die aber nicht unbedingt immer im Amt bleibt, hingegen ist die Exekutive, die die von der Legislative erlassenen Gesetze ausführt, immer im Amt. (Vgl. Locke 1974, XIII)

JEAN-JACQUES ROUSSEAU

Noch anders als Hobbes und Locke konstruiert Rousseau (1712–1778) den Eintritt des Individuums in die Gesellschaft und dementsprechend auch das Verhältnis von Individuum und Gesellschaft. Doch ihn bewegen ähnliche wie die uns schon bekannten Fragen: »Wie kommt ein kollektiver Wille zustande, der verbindlich ist und doch der Freiheit des Einzelnen nicht widerspricht? Was ist der Kitt der Gesellschaft, die allen Individuen gemeinsame vernünftige Einsicht in ihre Verfassung oder das Gefühl der Gemeinschaft?« (Mensching 2000, 10) Der Naturzustand ist allerdings anders konstruiert als bei seinen Vorgängern, Hobbes und Locke. Durch Rousseau wird »die gesamte neuzeitliche Theorie von Natur- und Zivilzustand [...] mit einem Federstrich auf den Kopf gestellt: Die Natur verheißt uns Freiheit, die moderne Gesellschaft dagegen bringt in Theorie und Praxis das Übel gänzlicher Rechtlosigkeit, nicht besser als der Krieg aller gegen alle.« (Brandt 2002, 3) Darum beginnt das erste Kapitel des ersten Buches von Rousseaus *Gesellschaftsvertrag* auch mit den berühmten Worten: »Der Mensch wird frei geboren, und überall ist er in Ketten.« (Rousseau 1966, 30) Darüber hinaus bedürfen die

»rousseauschen Naturmenschen einander nicht« (Mensching 2000, 43). Deshalb stellt sich die Frage, ob der Übergang vom Naturzustand zum Staatsvertrag in Rousseaus Augen ebenso notwendig war wie bei seinen beiden Vorgängern. Günther Mensching hat herausgearbeitet, dass es zwei Dinge sind, die nach Rousseau einen Staatsvertrag notwendig machen. Dies ist zum einen die Akzeptanz der Grenze gegenüber dem anderen Menschen, um so seine Autonomie und Freiheit zu sichern. Zweitens kommt der einzelne Mensch allein nicht gegen die Naturgewalten an, wie Überschwemmungen, Sturmfluten, Vulkanausbrüche, Erdbeben und Waldbrände. (Vgl. Mensching 2000, 50f.) »Rousseau nimmt ›obstacles‹, Hindernisse, an, die die Kraft des einzelnen im Naturzustand überfordern. Er kann sich nur durch die Bündelung der eigenen mit fremden Kräften retten.« (Brandt 2002, 10)
Welche Gesellschaftsform aber macht es möglich, dass alle mit allen vereinigt sind und dennoch ein jeder seine Freiheit behält, fragt Rousseau im sechsten Kapitel des ersten Buches seines *Contrat social*: »Wie findet man eine Gesellschaftsform, die mit der ganzen gemeinsamen Kraft die Person und das Vermögen jedes Gesellschaftsgliedes verteidigt und schützt und kraft dessen jeder einzelne, obgleich er sich mit allen vereint, gleichwohl nur sich selbst gehorcht und so frei bleibt wie vorher?« (Rousseau 1966, 43) Der Schlüsselbegriff der rousseauschen Philosophie ist in dieser Hinsicht der Gemeinwille (volonté générale). Mit ihm »ist die geforderte Selbsterhaltung durch Kräftevereinigung und die gleichzeitige Erhaltung der natürlichen Freiheit eines jeden gewährleistet. Die allgemeinen Gesetze ordnen diese Lebenseinheit von einander freier und damit notwendig gleicher Bürger.« (Brandt 2002, 10) Der Gemeinwille ist die Seele des als Körper aufgefassten Gemeinwesens:

»Die politische Körperschaft kann – für sich genommen – als ein organisierter, lebendiger und dem Menschen ähnlicher Körper verstanden werden. Die souveräne Gewalt stellt den Kopf dar. Gesetze und Bräuche sind das Gehirn, Ursprung der Nerven und Sitz des Verstandes, des Willens und der Sinne; Richter und Beamte sind dessen Organe. Handel, Industrie und Landwirtschaft sind Mund und Magen, die für den gemeinsamen Lebensunterhalt sorgen. Die öffentlichen Finanzen sind das Blut, welches eine weise Ökonomie, die Funktion des Herzens übernehmend, Nahrung und Leben über den ganzen Körper verteilen läßt. Die Bürger sind der Rumpf und die Glieder, die den Organismus zu Bewegung, Leben und Arbeit bringen und die man an keiner Stelle verletzen darf, ohne daß sich sogleich ein Schmerzgefühl dem Gehirn mitteilt, sofern das Lebewesen sich in gesundem Zustand befindet.« (Rousseau 1977, 31)

Diese Corpus-Metapher für die Beschreibung des Staatswesens stammt laut Günther Mensching von Menenius Agrippa um 494 v. Chr. (Vgl. Mensching 2000, 105)
Wie bereits erwähnt, geht Rousseau ebenso wie Locke von der Zweiteilung der Gewalten aus, die von ihm ebenfalls mittels der Körpermetaphorik beschrieben werden: »Die gesetzgebende Gewalt ist das Herz des Staates, die vollziehende das Gehirn, das allen Teilen Bewegung gibt.« (Rousseau 1977, 132) Neben diesen beiden kann eine dritte Gewalt in Rousseaus System nur schwer verortet werden. (Vgl. Brandt 2002, 20) Rousseau kennt offenbar keine von der Exekutive und Legislative unabhängige dritte Gewalt im Staate.
Da das Staatswesen wie ein menschlicher Körper aufgefasst wird, hat es natürlich auch eine Seele: »Die politische Körperschaft ist folglich auch ein sittliches Wesen, das einen Willen hat. Und dieser Gemeinwille, der immer auf die Erhaltung und das Wohl des Ganzen wie jedes einzelnen Teiles abzielt und der die Quelle der Gesetze ist, bildet für alle Glieder des Staates im Verhältnis untereinander und zu ihm selbst die Richtschnur von Recht und Unrecht.« (Rousseau 1977, 31 ff.) Demnach ist der Gemeinwille immer im Recht, ja er ist sogar das Tertium Comparationis zur Unterscheidung von Recht und Unrecht. Es reicht aber nicht, den Gemeinwillen als die Summe der Einzelwillen der Menschen im Staat zu sehen, was

Rousseau mit »volonté de tous« bezeichnet, sondern der Gemeinwille setzt die Identifikation der Einzelnen mit dem Gemeinwesen voraus. Jeder Einzelne *ist* das Gemeinwesen. Das Individuum übergibt seine Person und seine Macht ohne Vorbehalt dem Gemeinwillen und wird damit untrennbarer Teil des Ganzen, gehorcht aber nichtsdestoweniger nur sich selbst und bleibt so frei wie zuvor. Doch »die Spannung zwischen dem je eigenen wirklichen allgemeinen Willen und dem notwendig verbleibenden partikularen Willen durchzieht den ganzen *Contrat social*« (Brandt 2002, 12).

Wie kann nun erreicht werden, dass die einzelnen Menschen im Staat sich mit dem Gemeinwesen auf diese Weise identifizieren? Dazu sagt Rousseau: »Übt man sie zum Beispiel ziemlich früh darin, ihre Einzelperson immer nur in Verbindung mit dem Staatskörper zu sehen und ihre eigene Existenz sozusagen nur als einen Teil von jenem zu begreifen, so wird es ihnen schließlich gelingen, sich mit diesem größeren Ganzen gewissermaßen zu identifizieren, sich als Glieder des Vaterlandes zu verstehen, es mit jenem erlesenen Gefühl zu lieben, das jeder vereinzelt lebende Mensch nur für sich selbst empfindet, beständig ihre Seele auf dieses große Ziel hin auszurichten und so jene gefährliche Anlage, aus der all unsere Laster entstehen, in eine erhabene Tugend zu verwandeln.« (Rousseau 1977, 67)

IMMANUEL KANT

Diese Art der Identifikation schwebt auch Kant (1724–1804) vor. Ich will das Problem der Individuen in der Gemeinschaft anders als bei den vorhergehenden Philosophen bei Kant zunächst mithilfe seiner erkenntnistheoretischen Reflexionen erörtern. »Das leitende Modell ist folgendes: Es ist zunächst durch Empfindung, Wahrnehmung etwas ›gegeben‹. Dadurch wird ein ›Fundament‹ für weitere Erkenntnis gelegt. Auf diesem Fundament des Gegebenen baut der Verstand weiter, indem er Bausteine zu einem Zusammenhang verbindet. Auf diese Weise entsteht ein allgemein verbindliches System von Sätzen. [...] Dadurch, daß sich Empfindungen unter ein allgemeines, mitteilbares Gesetz fassen lassen, ergibt sich die Möglichkeit, ihren zunächst privaten Charakter zu überwinden und die allgemeine Sprache der Vernunft zu sprechen.« (Kaulbach 1969, 90f.) Wir sehen an dieser Stelle, dass Kant der Antwort auf die Frage, wie wir uns - trotz unterschiedlicher Wahrnehmung - miteinander verständigen können, nachspürt. Die Frage nach dem Zusammenhang der zwei Quellen von Erkenntnis hat natürlich mit der Frage zu tun, wie es denn sein könne, dass die Menschen unterschiedlich wahrnehmen und sich trotzdem verständigen können. Heidegger drückt diesen Sachverhalt in seiner Kant-Interpretation so aus: »Soll nun aber endliche Anschauung Erkenntnis sein, dann muß sie das Seiende selbst als offenbares für jedermann und jederzeit in dem, was und wie es ist, zugänglich machen können. Die endlichen anschauenden Wesen müssen sich in die jeweilige Anschauung des Seienden teilen können.« (Heidegger 1973, 42) Wahrnehmung und Erfahrung sind bei jedem empirischen Individuum anders. Doch einheitlich für alle sind die reinen Formen der Anschauung, also Raum und Zeit, weiterhin die Verstandesbegriffe und auch die Vernunftideen. Soll aber Erkenntnis möglich sein, so dürfen Wahrnehmung und Erfahrung auf der einen Seite und die reinen Formen der Anschauung, die Verstandesbegriffe und die Vernunftideen auf der anderen Seite nicht beziehungslos nebeneinander stehen. Sie müssen verbunden werden. Das geschieht in der transzendentalen Apperzeption.

Das erkennende Ich konstituiert die synthetische Einheit von Empirischem und Intelligiblem. Erkenntnis ist also nur möglich, wenn es ein mit sich selbst identisches und von den Erkenntnisgegenständen unabhängiges Subjekt gibt. Das mit sich selbst identische Subjekt steht der Mannigfaltigkeit der zu erkennenden Objekte gegenüber:

»Das: Ich denke, muß alle meine Vorstellungen begleiten können; denn sonst würde etwas in mir vorgestellt werden, was gar nicht gedacht werden könnte, welches eben so viel heißt als: die Vorstellung würde entweder unmöglich, oder wenigstens für mich nichts sein. Diejenige Vorstellung, die vor allem Denken gegeben sein kann, heißt Anschauung. Also hat alles Mannigfaltige der Anschauung eine nothwendige Beziehung auf das: Ich denke, in demselben Subject, darin dieses Mannigfaltige angetroffen wird. Diese Vorstellung aber ist ein Actus der Spontaneität, d. i. sie kann nicht als zur Sinnlichkeit gehörig angesehen werden. Ich nenne sie die reine Apperception, um sie von der empirischen zu unterscheiden, oder auch die ursprüngliche Apperception, weil sie dasjenige Selbstbewußtsein ist, was, in dem es die Vorstellung: Ich denke, hervorbringt, die alle andere muß begleiten können und in allem Bewußtsein ein und dasselbe ist, von keiner weiter begleitet werden kann. Ich nenne auch die Einheit derselben die transscendentale Einheit des Selbstbewußtseins.« (Kant, *KrV* B 131 f.)

Wie aber gewinnt das Subjekt die für die Möglichkeit der Erkenntnis notwendige Identität? Dadurch, dass es die gegebenen Erscheinungen zu einer einheitlichen Vorstellung bringt, generiert es sich bei dieser Handlung selbst, indem es sich in eine Einheit apperzipiert. Das ist ein wechselseitiger Prozess: Ohne Einheit des Ich-Denke ist gar keine Erkenntnis möglich und ohne Einheit der Erkenntnis keine Einheit des Ich-Denke. In diesem Zusammenhang steht in der *Kritik der reinen Vernunft* nun der berühmte Satz aus der Fußnote in B 134: »Und so ist die synthetische Einheit der Apperception der höchste Punkt, an dem man allen Verstandesgebrauch, selbst die ganze Logik und nach ihr die Transscendental-Philosophie heften muß, ja dieses Vermögen ist der Verstand selbst.«
Der Verstand verbindet a priori die Mannigfaltigkeit der Wahrnehmungen, Erfahrungen und Vorstellungen zu einer Einheit. Die Verstandesbegriffe, das sind die Kategorien bei Kant, gehören uns als Erkennenden in demselben Kulturkreis in derselben Weise immer schon an. Sie verbinden uns mit den anderen Individuen in der Weise, dass wir uns mit ihnen ver-

ständigen können. Sie verbinden aber auch unsere Wahrnehmungen und Erfahrungen mit dem Intelligiblen, mit dem Denken. Welche Rolle spielt nun die Vernunft bei Kant? Die Vernunft ist bei Kant die Erkenntnis aus Prinzipien. Keiner von uns könnte - so Kant - ohne diese Prinzipien erkennen. Ein Vernunftprinzip ist beispielsweise die Einheitlichkeit und Zweckmäßigkeit der Natur. Nur dadurch, dass ich jedes neu erkannte Objekt in diese zweckmäßige Organisiertheit der Natur einordnen kann, ist es mir möglich, überhaupt ein Objekt zu erkennen. Vernunft ist überdies die Einheit der Verstandesregeln.

Verstandesbegriffe sind die Kategorien Quantität, Qualität, Relation und Modalität. Ich erkenne einen Gegenstand nur dann, wenn ich sage, um welche Quantität es sich handelt, ob er eins ist oder ob es viele sind; welche Qualität er hat usw. Wir sehen also, dass die Sozialintegration bei Kant mittels der Vernunft geschieht. Nur vermittels der Vernunft ist nach Kant Verständigung möglich.

Wie aber kann man nachweisen, dass es Vernunft überhaupt gibt? Dass es Erkenntnis gibt, sagt Kant, wird kein Mensch bestreiten. Erkenntnis ist nur möglich mithilfe der Verstandesregeln. Verstandesregeln aber gibt es nur in ihrer zweckmäßigen Einheit, die von der Vernunft vorgegeben wird. Wenn es Erkenntnis gibt, muss es darum auch Vernunft geben. Diese zirkuläre Argumentationsweise von Kant hat die Skeptiker auf den Plan gerufen, die zwar nicht die Existenz von Erkenntnis bestreiten, doch die Folgerung, dass es auch Vernunft gibt, nicht mittragen. (Vgl. dazu Kuhlmann 1988) Lassen wir das auf sich beruhen und fahren nicht mit Kritik an Kants Argumentationsweise fort, sondern widmen uns der Sozialintegration über das praktische Vernunftmoment, das ähnlich aufgebaut ist wie das theoretische Vernunftmoment.

Die Handlungsmaximen des einzelnen Individuums und die Handlungsmaximen aller anderen Individuen müssen identisch sein. Das ist nur möglich, wenn das moralische Gesetz, das ist der kategorische Imperativ, unbedingte Verbindlichkeit für alle hat, d. h., es besteht eine Pflicht, es zu befolgen, um fehlschlagende Handlungskoordination zu vermeiden. Denn nur dann, wenn der kategorische Imperativ unbedingt und immer befolgt wird, ist Handlungskoordination garantiert. Hier zeigt sich die gesinnungsethische Einstellung von Kant. Es kommt nicht auf das Bedenken der Folgen einer Handlung an, sondern allein auf die unabdingbare Treue zum Gesetz. Da der Mensch selbst aber immer im Zwiespalt zwischen seinem Naturanteil, das sind seine Neigungen, und der Vernünftigkeit seiner Handlungen steht, muss er sich stets dazu zwingen, das moralische Gesetz zu befolgen; er wird nie in die Lage kommen, es stets gern und in Übereinstimmung mit seinen Neigungen zu befolgen. Kant ist in dieser Hinsicht Skeptiker in eigener Sache und sagt: »Zu dieser Stufe der moralischen Gesinnung aber kann es ein Geschöpf niemals bringen.« (Kant, *KpV* A 149) Moralische Gesinnung ist demnach ständig im Kampf, »und nicht Heiligkeit im vermeinten Besitze einer völligen Reinigkeit der Gesinnungen des Willens«. (Kant, *KpV* A 151)

Kant nennt hier die Gesinnung des Willens. Was ist denn nun der Wille? Dazu sagt Kant in aller wünschenswerten Klarheit im handschriftlichen Nachlass: »Das Vermögen, mit Bewußtsein zu begehren: der Wille; dasjenige, unabhängig von Neigungen und Trieben zu begehren, also unabhängig von subjektiv nötigenden Ursachen, heißt der freie Wille.« (Bittner/Cramer 1975, 33) Und weiter: »Der freie Wille, der mit sich selbst nach allgemeinen Gesetzen der Freiheit zusammenstimmt, ist ein schlechthin guter Wille.« (Bittner/Cramer 1975, 50)

Kant nennt auch den Begriff der Willkür. Ist er vom Willen unterschieden? »Über den Begriff der Willkür sind äußeres Geschehen und Person miteinander verbunden. Hinter der jeweils besonderen Willkür der Einzelakte steht als allgemeines Vermögen der Person: ihr Wille. Der Wille leistet die Vermittlung zwischen praktischer Vernunft und den konkreten Bestimmungsgründen der Willkür; er bezeichnet die Fähigkeit

des reifen Menschen, sich überhaupt nach einer allgemeinen Regel entscheiden zu können.« (Gerhardt 1981, 69 f.)
Was dem Willen zugrunde liegt, ist das moralische Gesetz; das, was der Willkür zugrunde liegt, ist die Maxime. Damit sind wir beim Begriff der Maxime. Maximen basieren auf subjektiven Handlungsregeln. Diese subjektiven Entscheidungsgrundlagen meines Handelns müssen mit dem moralischen Gesetz in Übereinstimmung stehen. Sie müssen an ihm gemessen werden. Wie dies geschehen kann, schildert Kant selbst an einem Beispiel: »Ich habe z. B. es mir zur Maxime gemacht, mein Vermögen durch alle sichere Mittel zu vergrößern. Jetzt ist ein Depositum in meinen Händen, dessen Eigenthümer verstorben ist und keine Handschrift darüber zurückgelassen hat. Natürlicherweise ist dies der Fall meiner Maxime. Jetzt will ich nur wissen, ob jene Maxime auch als allgemeines praktisches Gesetz gelten könne. Ich wende jene also auf gegenwärtigen Fall an und frage, ob sie wohl die Form eines Gesetzes annehmen, mithin ich wohl durch meine Maxime zugleich ein solches Gesetz geben könnte: daß jedermann ein Depositum ableugnen dürfe, dessen Niederlegung ihm niemand beweisen kann. Ich werde sofort gewahr, daß ein solches Princip, als Gesetz, sich selbst vernichten würde, weil es machen würde, daß es gar kein Depositum gäbe.« (Kant, *KpV* A 49) Damit hat Kant auch im Bereich des Moralischen zeigen können, dass und wie sich Individuen und Gesellschaft miteinander verbinden, und zwar durch die absolute Pflicht aller, sich auf das moralische Gesetz zu beziehen. Das täten alle schon aus dem Grund, um nicht die Achtung vor sich selbst zu verlieren, denn die Menschen haben sich das Gesetz selbst gegeben. Würden sie es nicht achten, würden sie die Achtung vor sich selbst verlieren.
Wir wollen jetzt auch für das Gebiet des Rechts und des Staats analysieren, wie Kant Individuum und Gesellschaft miteinander verbindet. Kant beginnt in seiner Rechts- und Staatsphilosophie mit der Beschreibung des Rechtssubjekts; es folgen das Eigentum und der Vertrag. Diese systematische Abfolge hat im

kantischen System ihren guten Sinn. In § B der *Einleitung in die Rechtslehre* gibt uns Kant zunächst seine Definition des Rechts: »Das Recht ist also der Inbegriff der Bedingungen, unter denen die Willkür des einen mit der Willkür des andern nach einem allgemeinen Gesetze der Freiheit zusammen vereinigt werden kann.« (Kant, AB 33) Und in der Schrift *Über den Gemeinspruch: Das mag in der Theorie richtig sein, taugt aber nicht für die Praxis* aus dem Jahr 1793 schreibt Kant fast gleichlautend und ergänzend: »Recht ist die Einschränkung der Freiheit eines jeden auf die Bedingung ihrer Zusammenstimmung mit der Freiheit von jedermann, in so fern diese nach einem allgemeinen Gesetze möglich ist; und das öffentliche Recht ist der Inbegriff der äußeren Gesetze, welche eine solche durchgängige Zusammenstimmung möglich machen.« (Kant, A 234) Dies versteht man durch Bezugnahme auf die Grundlage von Kants eben erörterter praktischer Philosophie. Danach ist nur der Mensch als vernünftiges Wesen in der Lage, sich aus dem ungeregelten, willkürlichen und von fremden Gesetzen bestimmten Naturzustand zu befreien und sich die Gesetze seines Handelns selbst zu geben. Der Möglichkeit nach ist der Mensch immer schon frei, doch diese Freiheit wird gefestigt und garantiert durch ein Handlungsgesetz, das der Mensch sich selbst gibt, und das ist der kategorische Imperativ.

Kants Ausführungen zielen nun auf das öffentliche Recht, den »Inbegriff der äußeren Gesetze« und das nach seiner Ansicht hierarchisch höchste Rechtsgebiet. Doch das öffentliche Recht ist nicht von Anfang an da. Zunächst gibt es für Kant – wie für alle bisher vorgestellten Kontraktualisten – den natürlichen Zustand, in dem die Menschen zwar potenziell frei sind, aber ihre Freiheit nicht bewahren können. Dass die Menschen frei sind, ist allerdings die Voraussetzung für das Zustandekommen vernünftiger Rechtsverhältnisse.

Gleich im ersten Paragraphen der *Rechtslehre* stellt Kant fest, was das Rechtlich-Meine ist. Es ist der Besitz, mit dem jemand so verbunden ist, dass jemand anders nicht ohne meine Einwilligung Gebrauch von der Sache machen kann. In § 17 taucht erstmals der Begriff des Eigentums auf. Eigentum ist substanziell mit jemandem verbunden – nicht bloß äußerlich, wie der Besitz, den man beispielsweise durch Miete erlangen kann. Jedenfalls ist es für Kant ohne jeden Zweifel, dass Besitz und Eigentum rechtlich geregelt werden müssen. Herrenlosigkeit sei »rechtswidrig«. (Vgl. Kant, § 2 *Rechtslehre*) Kant spricht sogar von einer »res nullius«. Eine herrenlose Sache ist also überhaupt keine Sache. Das hat in dieser Systematik durchaus seinen Sinn, denn es ist Aufgabe des Rechts, Besitz- und Eigentumsverhältnisse zu regeln, damit Konflikte vermieden werden können und der soziale Frieden erhalten wird.

Man muss allerdings sein Eigentum oder seinen Besitz nicht ein Leben lang behalten. Das würde die eben beschriebene Willkürfreiheit der Rechtssubjekte einschränken. Aber Einigung und Übergabe müssen durch einen Vertrag geregelt werden. Auch der Kontrakt dient der Erhaltung des sozialen Friedens. In § 18 der kantischen *Rechtslehre* heißt es dazu: »Die Übertragung seines Eigenthums an einen Anderen ist die Veräußerung. Der Act der vereinigten Willkür zweier Personen, wodurch überhaupt das Seine des Einen auf den Anderen übergeht, ist der Vertrag.« Damit sind die drei Stützen unserer gesellschaftlichen Ordnung genannt: Rechtssubjekt, Eigentum, Vertrag. »Das ist die Dreifaltigkeit des bürgerlichen Rechts, das Grundgesetz des täglichen Funktionierens einer liberalen Wirtschaftsgesellschaft« (Wesel 1996, 107), denn »unsere politische, wirtschaftliche und juristische Ordnung hat ihre Grundlage im Privateigentum, das ergänzt und vervollständigt wird durch den Vertrag. Das Eigentum ist die ruhende Grundlage, der Vertrag ein damit verbundener Hebel, dessen Bewegungen unser tägliches Leben organisieren.« (Wesel 1996, 119) Uwe Wesel geht in seiner Interpretation sogar noch weiter, wenn er sagt, dass es der Vertrag sei, der den vernunftbegabten Menschen vom Affen unterscheidet, denn der französische Anthropologe Marcel Mauss habe entdeckt, dass der Gabentausch in Stammesgesellschaften das wichtigste Ordnungsprinzip gewesen sei. »Dadurch beziehen sich Menschen aufeinander, wird Gesellschaftlichkeit hergestellt in einer Art täglich erneuerten Gesellschaftsvertrags ohne Staat.« (Wesel 1996, 119 f.) Die Rechtssubjekte müssen aber nach Kant in den Staat übergehen, um in einem rechtlich geregelten Zustand leben zu können; erst dann kann natürliches Privatrecht in öffentliches Recht übergehen. Wie nun wird dieser Übergang vollzogen, auf den Kant – wie ich eingangs sagte – abzielt?

Kant beginnt mit den drei bereits genannten Stützen der Gesellschaft. Deren Verhältnis zueinander wird durch das Privatrecht geregelt. In Kants Systematik folgt später erst der Übergang zum öffentlichen Recht.

Wie kann es überhaupt zum Übergang vom privaten zum öffentlichen Recht kommen? Kant unterscheidet zwischen vorstaatlichem, also dem provisorischen, und dem staatlichen, also dem peremtorischen[15], Besitz, zwischen dem Recht im Naturzustand und dem Recht im staatlichen Zustand. Im § 9 der *Rechtslehre* sagt Kant, dass der peremtorische Besitz »allein auf einem Gesetz des gemeinsamen Willens gegründet werden kann«. »Das noch nicht peremtorisch gemachte natürliche Privatrecht ist ein Recht, das auf den Staat und damit auf Positivierung hindrängt, das aber gleichwohl im vorstaatlichen Zustand Wirklichkeit und Geltung besitzt. Es gibt für Kant außerhalb des Staates Recht; die natürlichen Gesetze über das Mein und Dein, die reinen Prinzipien des Privatrechts sind wirkliches und verbindliches Recht.« (Kersting 1993, 337) Privatrecht drängt vom natürlichen Zustand zum bürgerlichen, verfassungsmäßigen Zustand.

Der § 42 beginnt mit einem in dieser Hinsicht kategorischen Imperativ: »Aus dem Privatrecht im natürlichen Zustande geht nun das Postulat des öffentlichen Rechts hervor: du sollst im Verhältnisse eines unvermeidlichen Nebeneinanderseins mit allen anderen aus jenem heraus in einen rechtlichen Zustand, d. i. den einer austheilenden Gerechtigkeit, übergehen.« Das Privatrecht wird im Staatszustand der öffentlichen Gerechtigkeit unterstellt, Recht somit vom moralischen Gesichtspunkt betrachtet. »Es ist notwendig, den Naturzustand zu verlassen, die Vielzahl konkurrierender Rechtsmeinungen durch öffentliche positive Gesetzgebung abzulösen, die die Ausübungsbedingungen der natürlichen Gesetze des Mein und Dein allgemeinverbindlich festlegt, die Grenzen eines peremtorisch-möglichen Besitzes eindeutig bestimmt und so eine gesetzliche Basis zur Entscheidung von Rechtsstreitigkeiten schafft. Der Weg vom Naturzustand zum Rechtszustand ist der Weg von der subjektiv-beliebigen Ausübung des natürlichen Privatrechts zu seiner gesetzlich geregelten und institutionell gesicherten Ausübung.« (Kersting 1993, 338) Auf diese Weise gestaltet Kant den Übergang vom natürlichen Recht zum Vernunftrecht.

Im staatlichen Zustand bekommt das öffentliche Recht den Primat, es erhält eine moralische und damit gerechte Basis. Und Öffentlichkeit ist nach Kant per definitionem gerecht und moralisch, so wie die »volonté générale« bei Rousseau. Die Öffentlichkeit, an der alle teilhaben, gilt Kant als Kontrollinstanz dafür, ob eine Rechtshandlung gerecht und damit moralisch ist: »Alle auf das Recht anderer Menschen bezogene Handlungen, deren Maxime sich nicht mit der Publicität verträgt, sind unrecht.« (Kant, *Zum ewigen Frieden,* A 94) Prüfinstanz ist somit ganz ausdrücklich und ohne Abstriche die Öffentlichkeit. Sie muss prüfen, ob der Rechtssatz sich an der Freiheit des Einzelnen orientiert, denn Unrecht ist ein Rechtssatz dann, wenn er das nicht tut. Der Probierstein für das staatliche Recht also ist die Freiheit des Einzelnen. Dies ist »eine schwierige, oftmals vom Gesetzgeber und von denen, die mit der Ausführung der Gesetze beauftragt sind, Ungewöhnliches verlangende Aufgabe, die eine außergewöhnliche politische, sozialpolitische und juristische Urteilskraft verlangt« (Volkmann-Schluck 1981, 182). Kant sagt in der Schrift *Über den Gemeinspruch* abschließend: »Ist [...] [ein Gesetz] so beschaffen, daß ein ganzes Volk unmöglich dazu seine Einstimmung geben könnte [...], so ist es nicht gerecht; ist es aber nur möglich, daß ein Volk dazu zusammen stimme, so ist es Pflicht, das Gesetz für gerecht zu halten.« (A 250)

Ich habe gezeigt, wie Kant auf drei verschiedenen Ebenen die Einheit von Individuum und Gemeinschaft oder Gesellschaft konstruiert hat: auf der kognitiven Ebene, der Ebene der Moral und des Staates. Bis zu Kant gab es durch die Jahrhunderte hindurch viele unterschiedliche Versuche der Verbindung. Bei Hobbes gibt der einzelne Mensch seine Macht und Freiheit an den Souverän ab, in Lockes Theorie ist es bereits die Gesellschaft, mit der sich der Einzelne identifiziert. Die Macht und die Freiheit werden nicht wie bei Hobbes an einen einzelnen anderen Menschen abgegeben, sondern an die Gesellschaft, mit der sich der Einzelne identifiziert, und bei Rousseau garantiert der Gemeinwille, der fast nur noch psychologisch zu verstehen ist, die Freiheit des Einzelnen. Dabei sind wir schon nahe an Kants Lösung, der von einem selbst gegebenen Gesetz spricht, mit dem wir uns, weil wir es uns selbst gegeben haben, identifizieren. Wir haben darum die Pflicht, nach diesem Gesetz zu handeln. Weil wir uns das Gesetz selbst gegeben haben, haben wir Achtung vor dem Gesetz. Würden wir nicht nach ihm handeln, würden wir die Achtung vor uns selbst verlieren. So sehen wir eine Entwicklung in den Konstruktionen der Philosophen, die kontinuierlich zu einer immer stärkeren Bindung des Einzelnen an seine Gemeinschaft führt. Sie führt von einem äußeren vertraglichen Zwang der Vergemeinschaftung des Individuums zu einem inneren, psychischen Zwang. Auch bei Durkheim bildet das »Kollektivbewusstsein« als eine Integrationsfigur eine starke innere Bindung, die stärker ist als jeder Vertrag.

ÉMILE DURKHEIM

Durkheim (1858–1917) leitet die Differenzierung von Individual- und Kollektivbewusstsein in *De la division du travail social* historisch her. Er schreibt, dass in segmentären oder tribalen Gesellschaften das Kollektivbewusstsein nicht vom Individualbewusstsein unterschieden sei. (Vgl. Durkheim 1992, 249 f.) Erst in einer späteren Entwicklung, zu der die fortschreitende Arbeitsteilung beitrage, bilde sich ein vom Kollektivbewusstsein unterschiedenes Individualbewusstsein heraus. Diesen Vorgang des Übergangs von einer segmentären zu einer individualisierten Gesellschaft schildert er in folgender Weise:

»Die Führer sind nämlich die ersten individuellen Persönlichkeiten, die sich aus der sozialen Masse herausgelöst haben. Ihre Sonderstellung, die sie über die anderen erhebt, verschafft ihnen eine herausgehobene Physiognomie und verleiht ihnen folglich eine Individualität. Da sie die Gesellschaft beherrschen, sind sie nicht mehr gezwungen, allen deren Bewegungen zu folgen. Zweifellos beziehen sie ihre Macht von der Gruppe; aber sobald diese organisiert ist, wird sie autonom und gibt ihnen die Möglichkeit zu einer persönlichen Betätigung. Damit wird eine Quelle der Initiative geöffnet, die es bis dahin nicht gegeben hat. Nun gibt es jemanden, der Neues erzeugen und der sogar in einem gewissen Maß von den Kollektivgebräuchen abweichen kann.« (Durkheim 1992, 251 f.)

In der Moderne verhält es sich nach Auffassung von Durkheim allerdings ganz anders: »Bei dem zivilisierten Menschen dagegen dringt der Egoismus bis ins Zentrum der höheren Vorstellung vor: Jeder von uns hat seine Ansichten, seine Überzeugungen, seine eigenen Gelüste, an denen er festhält.« (Durkheim 1992, 254) Diese Diagnose der modernen Gesellschaft teilt Durkheim mit vielen anderen Soziologen. Dennoch setzt er auf das schon erwähnte Kollektivbewusstsein als integrierenden Faktor. Was ist das? Durkheim definiert dieses Kollektivbewusstsein als die im weitesten Sinne gemeinsamen religiösen Überzeugungen und Gefühle »im Durchschnitt der Mitglieder einer bestimmten Gesellschaft«. Es sei ein umgrenztes System, das sein eigenes Leben habe. (Vgl. Durkheim 1992, 128) Es wechsle auch nicht von Generation zu Generation, sondern verbinde aufeinander folgende Generationen

miteinander. Darum kann Durkheim auch von religiösen Überzeugungen sprechen, denn diese Überzeugungen sind in die säkularisierten Überzeugungen der Aufklärung eingegangen. (Vgl. zu diesem Prozess Horster 1999, 464 ff.) Und man bezeichne es als kriminell, wenn dieses Kollektivbewusstsein gekränkt oder verletzt werde. (Vgl. Durkheim 1992, 129) Darum ist die Bestrafung eines Menschen auch keine Rache, sondern als Verteidigung der Gesellschaft anzusehen. (Vgl. Durkheim 1992, 136)
Wenn Durkheim aber in der modernen Gesellschaft das Kollektivbewusstsein und das Individualbewusstsein unterscheidet, muss er zeigen, in welchem Verhältnis sie zueinander stehen. Er beschreibt das so:

»Wir haben zwei Bewußtseinsweisen in uns: die eine enthält Zustände, die nur jedem von uns eigen sind und die uns charakterisieren, während die der anderen jedem Mitglied der Gesellschaft gemeinsam sind. Die erste stellt nur unsere individuelle Persönlichkeit dar und konstituiert diese; die zweite stellt den Kollektivtyp dar und folglich die Gesellschaft, ohne die er nicht existieren würde. Wenn ein Element der letzteren unser Verhalten bestimmt, dann geschieht das nicht im Hinblick auf unser persönliches Interesse, sondern wir verfolgen kollektive Ziele. Obwohl sich die beiden Bewußtseinsformen unterscheiden, sind sie dennoch aneinander gebunden, denn sie bilden zusammen nur ein Bewußtsein und haben zusammen nur ein einziges und gleiches organisches Substrat. Sie sind also solidarisch. Daraus folgt eine Solidarität sui generis, die, aus Ähnlichkeiten erwachsend, das Individuum direkt an die Gesellschaft bindet.« (Durkheim 1992, 156)

Mit Solidarität bezeichnet Émile Durkheim den Vorgang, der zur »Integration der Gesellschaft beiträgt« (Durkheim 1992, 111). Letzten Endes bewirkt das die Moral. Moral wird bei Durkheim als Solidarität konzeptualisiert. Die Harmonie von Individual- und Kollektivbewusstsein kann es aber nach Ansicht von Durkheim nur deshalb geben, weil sich das eine aus dem anderen speist:

»Die sozialen Tatsachen sind nicht die einfache Fortführung psychischer Tatsachen, vielmehr sind diese zum größten Teil nur die Verlängerung der sozialen Tatsachen innerhalb des Bewußtseins der einzelnen Individuen. Dieser Satz ist sehr wichtig, denn der entgegengesetzte Gesichtspunkt verleitet den Soziologen jeden Augenblick dazu, die Ursache für die Wirkung zu nehmen, und umgekehrt. Wenn man zum Beispiel, wie es oft vorgekommen ist, in der Organisation der Familie den logisch notwendigen Ausdruck der menschlichen Gefühle sieht, die jedem Bewußtsein innewohnen, dann verdreht man die wirkliche Ordnung. Die soziale Organisation der Verwandtschaftsbeziehungen hat im Gegenteil die entsprechenden Gefühle der Eltern und Kinder bestimmt. Diese Gefühle wären ganz andere, wenn die soziale Struktur anders wäre, und der Beweis dafür ist, daß in der Tat die elterliche Liebe in einer großen Zahl von Gesellschaften unbekannt ist. Man könnte noch andere Beispiele des gleichen Irrtums anführen. Es ist zwar eine offensichtliche Wahrheit, daß es nichts im sozialen Leben gibt, was nicht seinen Platz im Bewußtsein eines jeden einzelnen fände; nur entstammt fast alles, was sich dort vorfindet, der Gesellschaft. Der größte Teil unserer Bewußtseinszustände hätte bei isolierten Wesen nicht entstehen können und hätte sich ganz anders bei Wesen entwickelt, die in anderer Weise gruppiert gewesen wären.« (Durkheim 1992, 415 f.)

Das Soziale hat also für Durkheim deutlichen Vorrang, und das Individuelle wird durch das Soziale bestimmt, denn »in Wirklichkeit ist dieses menschliche Bewußtsein, das wir vollständig in uns realisieren sollen, nichts anderes als das Kollektivbewußtsein der Gruppe, der wir angehören« (Durkheim 1992, 466).

Hier wird im Übrigen auch die Bedeutung der Moral in der Theorie von Émile Durkheim sichtbar. In dem Zusammenhang, in dem er davon sprach, dass die Bestrafung eines Kriminaldelikts nichts anderes sei als die Verteidigung der Gesellschaft, erklärt er auch, dass die Verletzung der Moral bestraft würde: »Was wir aber rächen und was der Verbrecher sühnt, ist die Verletzung der Moral.« (Durkheim 1992, 138) Was aber ist für Durkheim Moral? Das »Kennzeichen der Moralregeln besteht darin, die fundamentalen Bedingungen der sozialen Solidarität auszudrücken. Recht und Moral[16] sind die Gesamtheit der Bande, die uns untereinander und mit der Gesellschaft verbinden, die aus einer Masse von Individuen ein kohärentes Aggregat werden lassen. Moralisch ist, könnte man sagen, alles, was Quelle der Solidarität ist, alles, was den Menschen zwingt, mit dem anderen zu rechnen, seine Bewegungen durch etwas anderes zu regulieren als durch die Triebe seines Egoismus, und die Moralität ist um so fester, je zahlreicher und stärker diese Bande sind.« (Durkheim 1992, 468) Wir sehen also, dass für Durkheim das Kollektivbewusstsein, die sozialen Regeln des Zusammenlebens und die spezifischen moralischen Regeln einer Sozietät eine Einheit bilden. Moral habe die Aufgabe, aus dem Einzelnen »einen integrierten Teil eines Ganzen zu machen« (Durkheim 1992, 468). Ohne Gesellschaft brauche man keine Moral. Und umgekehrt gelte, dass die Moral verschwindet, sobald das soziale Leben zum Stillstand kommt. (Vgl. Durkheim 1992, 469) In Durkheims Theorie erkennen wir nach dem Gesagten die Abfolge: Gesellschaft, Kollektivbewusstsein, Solidarität, Moral und Recht.

Talcott Parsons bezieht sich auf Durkheim. Seine Vorstellung von Sozialintegration wollen wir uns im Folgenden ansehen. Parsons bezieht sich deshalb auf Durkheim, weil nach seiner Ansicht hier eine zusammenhängende, einheitliche und umfassende Theorie des Sozialen geschaffen wurde. Dieses Vorbild wirkt aber nicht nur auf Parsons allein, sondern auch auf die anschließend vorzustellenden Theoretiker, ja man kann sagen, auf die nachfolgende Soziologie insgesamt. Es wurde konstatiert, dass erst mit der Theorie von Émile Durkheim die Soziologie geboren war und nicht schon mit Auguste Comte. (Vgl. Luhmann 1992, 20)

Habermas sagte ein Jahr nach dem Tod des amerikanischen Soziologen Talcott Parsons (1902–1979): »Niemand unter den Zeitgenossen hat eine Gesellschaftstheorie von vergleichbarer Komplexität entwickelt.« (Habermas 1981a, 28) Daran gemessen muss sich das, was ich im Folgenden zu Parsons sage, recht bescheiden ausnehmen. Da ich aber keine Monographie über Parsons vorlegen will, müssen wir mit Vereinfachungen leben, was weitgehend aber auch für alle anderen hier vorgestellten Theoretiker gilt.

Der Aufarbeitung all der sozialphilosophischen Theoretiker, die sich mit dem Verhältnis von Individuum und Gemeinschaft befassen, wie die soeben referierten Hobbes, Locke, Rousseau und Kant, widmete sich Talcott Parsons in seinem 1937 erschienenen zentralen Werk *The Structure of Social Action*. Wie selbstverständlich geht er davon aus, dass es einen eigenständigen Wissenschaftszweig der Geistes- und Sozialwissenschaften gibt. Fast lapidar spricht er zu Beginn das kategorische Urteil, dass der Positivismus mit seinen von mir vorgestellten Vertretern Comte und Spencer tot ist. Die ersten Sätze von *The Structure of Social Action* lauten:

»›Who now reads Spencer? It is difficult for us to realize how great a stir he made in the world. […] He was the intimate confidant of a strange and rather unsatisfactory God, whom he called the principle of Evolution. His God has betrayed him. We have evolved beyond Spencer.‹ Professor Brinton's verdict may be paraphrased as that of the coroner, ›Dead by suicide or at the hands of person or persons unknown.‹ We must agree with the verdict. Spencer is dead. But who killed him and how? This is the problem. Of course there may well be particular reasons why Spencer rather than others is dead, as there were also particular reasons why he rather than others made such a stir. With these this study is not concerned. But in the ›crime‹, the solution of which is here sought, much more than the reputation of, or interest in, a single writer has been done to death. Spencer was, in the general outline of his views, a typical representative of the later stages of development of a system of thought about man and society which has played a very great part in the intellectual history of the English-speaking peoples, the positivistic-utilitarian tradition.« (Parsons 1967, 3)

Im Gegensatz zu dieser positivistischen Position setzt Parsons als Motto ein Zitat von Max Weber über seine Arbeit, das ihn als verstehenden Soziologen kennzeichnet: »Jede denkende Besinnung auf die letzten Elemente sinnvollen menschlichen Handelns ist zunächst gebunden an die Kategorie ›Zweck‹ und ›Mittel‹.« (Parsons 1967) Damit macht er sich nicht nur als verstehender Soziologe, sondern auch als teleologisch denkender kenntlich. Er geht also davon aus, dass der Handelnde Zwecke setzt, zu deren Erreichung er die geeignet erscheinenden Mittel wählt. Auf diese Randvariablen der parsonsschen Kreuztabellierung werde ich später zurückkommen. Das sind, in aller Kürze, seine wissenschaftstheoretischen Bekenntnisse, bevor er mit dem eigentlichen Thema beginnt.
Parsons geht es um die von den genannten Theoretikern bereits behandelte Frage, wie eine Gesellschaft von Individuen überhaupt möglich ist, wenn die Verfolgung der eigenen Interessen zum leitenden Prinzip des menschlichen Handelns wird. Letzteres ist dann der Fall, wenn die religiösen Werte nicht mehr wie selbstverständlich gelten, anerkannt und befolgt werden. »Thus when social thought became secularized about the seventeenth century its central problem was that of the basis of order in society, in the particular form of the sphere of individual freedom from authoritarian control in relation to the coercive authority of the state.« (Parsons 1967, 88) Parsons formuliert also wie alle anderen vorgestellten Theoretiker die Frage, wie Gesellschaft als geordneter Zusammenhang von einzeln Handelnden möglich ist. Es muss demzufolge gefragt werden: »Wie sind die Mechanismen beschaffen, die Alters Handlungen an Egos Handlungen so anschließen, daß Konflikte, die den gegebenen Handlungszusammenhang bedrohen könnten, entweder vermieden oder hinreichend

eingedämmt werden können?« (Habermas 1981a, 29) Die einzige Möglichkeit, unter diesen Bedingungen eine Ordnung herzustellen, liegt für Parsons in der Bezugnahme aller auf ein Normensystem. Soziale Ordnung ist unter den Bedingungen individualisierter Gesellschaft somit die normative Regelung interpersonaler Beziehungen. »Normative order [...] is always relative to a given system of norms or normative elements, whether ends, rules or other norms. Order in this sense means that process takes place in conformity with the paths laid down in the normative system.« (Parsons 1967, 91) Die soziale Ordnung wird durch einen Konsens über die Werte und Normen hergestellt. (Vgl. Parsons 1967, 75) »Kurz gesagt, die Orientierung des handelnden Subjekts an Werten und Normen ist für die sozialintegrative Herstellung von Ordnung konstitutiv.« (Habermas 1981a, 29) Außerdem muss jeder Einzelne die Motivation haben, diese Normen zu befolgen. (Vgl. Parsons 1967, 76, 385 f.) Soziale Normen werden hier nicht als äußere Gewalt verstanden, sondern als etwas, was der Mensch sich zu Eigen gemacht hat. Sie durchdringen seine Handlungsmotive. »The normal concrete individual is a morally disciplined personality. This means above all that the normative elements have become ›internal‹ ›subjective‹ to him. He becomes, in a sense ›identified‹ with them.« (Parsons 1967, 385 f.) Im Handeln des einzelnen Menschen realisieren sich die Normen und Werte. Sie sind im jeweiligen Handeln nicht als gesamtes Normengefüge sichtbar, sondern nur in Ausschnitten oder als »normative elements«. (Parsons 1967, 49)

Und weil die Werte im Handeln realisiert werden, muss mit sozialen Kontingenzen gerechnet werden. Nur unter den Bedingungen der Berücksichtigung sozialer Kontingenzen lassen sich nach Parsons moralische Regeln überhaupt realisieren. Ansonsten würden sie ideale Gedankengebilde bleiben. In diesem Sinne ist es zu verstehen, wenn Habermas sagt, dass Parsons der praktischen Philosophie Kants eine soziologische Wendung gegeben habe. (Vgl. Habermas 1981b/2, 310) Parsons sucht nach den objektiven Situationsfaktoren, die sich

mit den subjektiven Vorstellungsinhalten kombinieren lassen. (Vgl. Jensen 1980, 41) Es geht ihm um »die Verknüpfung [...] von Sozialsystem und Persönlichkeitssystemen«, also um die Verknüpfung von Individuum und Gesellschaft. (Vgl. Parsons/Platt 1973, 8)
Bei seinen Überlegungen setzt Parsons voraus, dass die Welt höchst komplex sei, die aktuelle Aufmerksamkeitsspanne des Menschen aber sehr begrenzt. »Wir müssen isolieren, um etwas zu erfassen.« (Parsons 1976, 71) Oder wir müssen den Möglichkeitsspielraum eingrenzen, da unser Handeln immer kontingent ist. Kontingenz bedeutet Folgendes: In einer Gesellschaft von individuellen Einzelnen hat jeder unendlich viele Handlungsalternativen, die weder notwendig noch unmöglich sind. »Doppelte Kontingenz« ist dabei schlicht die Verdopplung dieser Kontingenz: Gemeint ist die beiderseitige Ungewissheit hinsichtlich dessen, was die »andere Seite tun wird, und daraus folgt die Unbestimmtheit des eigenen Handelns« (Stichweh 1999, 215). Man ist in der Situation der doppelten Kontingenz nicht nur in Bezug auf das Handeln des Gegenübers unsicher, sondern auch in Bezug auf das eigene Handeln. »Was soll ich tun?« lautet jetzt die Frage. Damit ich weiß, was ich zu tun habe, damit Interaktion reibungslos gelingen kann, ja, damit Gesellschaft überhaupt funktionieren kann, müssen die zunächst unendlich vielen Wahlmöglichkeiten der Handelnden begrenzt werden, sodass jeder weiß, was er von dem anderen erwarten kann. Dies geschieht, indem das Verhaltensrepertoire durch moralische Regeln eingeschränkt wird, indem die an der Interaktion beteiligten Personen Konventionen und moralische und rechtliche Regeln einhalten. Darin besteht die Lösung des Problems der doppelten Kontingenz. Die Problemlösung erfolgt in Parsons' Theorie durch die so genannten »Value-Orientation-Patterns«. Diese helfen, in einem schrittweisen Selektionsprozess auf der Linie zwischen zwei entgegengesetzten Polen die Handlungen anzuleiten. Parsons ist der Auffassung, dass es für jede beliebige Handlungssituation unausweichlich vier Probleme gibt,

die nach binärer Codierung zu entscheiden sind. Diese vier Probleme in genereller Form nennt er »Pattern Variables«; mit ihnen arbeitete er mehrere Jahre (vgl. Jensen 1980, 59):

Selbstorientierung - Kollektivorientierung (Qualität - Performanz)
Universalismus - Partikularismus
diffuses Verhalten - spezifisches Verhalten
Affektivität - affektive Neutralität

Das erste Paar, das später die in Klammern gesetzte Bezeichnung erhielt, bezieht sich auf die Struktur der Marktbedingungen, ob man also in einer Handlungssituation eines beispielsweise dienstleistenden Berufes seinen eigenen Vorteil oder den des Gemeinwohls im Blick hat. Dazwischen gibt es eine große Variationsbreite. Die zweite Ebene betrifft die Kriterien der Zuwendung zum anderen (universell oder einmalig), die dritte die Interessenbasis von Beziehungen (ein einzelner Aspekt des ganzen Menschen kann in den Vordergrund treten; für den Pfarrer beispielsweise die Seele) und die vierte die Einstellung zum Gegenüber. Parsons stellte fest, dass zwei Paare die Objektseite betreffen (1 und 2) und zwei die Einstellung der handelnden Person (3 und 4). Parsons teilt sie dann ein in die Gruppe der Situationsvariablen und in die der Einstellungsvariablen. Er war der Auffassung, dass man es beim Handeln immer mit Systemen des Handelns zu tun hat, in denen sowohl der Handelnde selbst, die subjektive Seite, wie auch die Situation, die objektive Seite, Berücksichtigung finden müssen. Man kommt dann zu folgendem Schema:

SUBJEKTIV	OBJEKTIV
Affektivität	Performanz
Neutralität	Qualität
Spezifität	Universalismus
Diffusität	Partikularismus

In der weiteren Arbeit, die Parsons und sein Kollegen Robert F. Bales und Edward A. Shils betrieben, stellten sie fest, dass diese vier Variablen eine logische Konvergenz mit Bales' Klassifikation von vier Funktionssystemen des Handelns aufweisen, die so aussieht:

Verhaltenssystem physisch **a**daption (Anpassung)	Personsystem psychisch **g**oal attainment (Zielerreichung)
Sozialsystem interaktiv **i**ntegration (Integration)	Kultursystem normativ **l**atent pattern maintenance (Struktur- und Werterhaltung)

Entsprechend den Anfangsbuchstaben der Funktionen in diesem Schema wird es AGIL-Schema genannt. Nach seiner über Jahrzehnte entwickelten Ansicht (vgl. Luhmann 1988, 128) resultieren diese vier Subsysteme aus dem physischen, psychischen, interaktiven und normativen Bereich. Die vier Subsysteme des Handelns, das Verhaltenssystem, das Personsystem, das Sozialsystem und das Kultursystem, haben unterschiedliche Funktionen für das gesamte System des Handelns und gleichzeitig für die jeweils anderen Subsysteme. Die unterschiedlichen teleologischen Funktionen benennt Parsons so: Anpassung an die Umwelt, Zielerreichung des Handelnden, Integration in das Sozialsystem und Struktur- und Werterhaltung. (Vgl. Parsons 1976, 87) Das Verhaltenssystem produziert Motive, die Person Ziele, die Gesellschaft Normen, die der Sozialintegration dienen, und die Kultur Werte und Strukturen.
Durch Überkreuzung der objektiven und der subjektiven Seite der Value-Orientation-Patterns und in Kombination mit dem AGIL-Schema ergibt sich nun Folgendes: »In der schließlich akzeptierten Terminologie wurde das adaptive Problem von der Motivseite durch die Variable ›Spezifität‹, von der Objekt-

seite durch die Variable ›Universalismus‹ gekennzeichnet; das Problem des ›goal-attainment‹ durch die Variablen ›Affektivität‹ und ›Performanz‹; das ›integrative‹ Problem durch die Variablen ›Diffusität‹ und ›Partikularismus‹ und schließlich das ›pattern-maintenance and tension-mangement‹-Problem durch ›affektive Neutralisierung‹ und ›Qualität‹.« (Jensen 1980, 63) Wir finden also jeweils eine Variable aus dem subjektiven Bereich und eine Variable aus dem objektiven Bereich in dualer Codierung einem Funktionssystem zugewiesen. Daraus ergibt sich dann für eine Handlung folgender Phasenverlauf, der als Beobachtungsraster dient (vgl. Jensen 1980, 67):

A: Beim Bestreben nach maximaler Adaption ist die Orientierung gegenüber den Objekten gekennzeichnet durch »Universalismus« und »Performanz«, die Einstellung der Handelnden durch »Spezifität« und »Neutralität«.	**G**: Beim Streben nach maximaler Bedürfnisbefriedigung ist die Orientierung gegenüber Objekten gekennzeichnet durch »Performanz« und »Partikularismus«; die Einstellung der Handelnden durch »Affektivität« und »Spezifität«.
I: Das Streben nach Systemintegration ist auf der Objektseite durch »Partikularismus« und »Qualität« und die Einstellung der Handelnden durch »Diffusität« und »Affektivität« gekennzeichnet.	**L**: Das Streben nach maximaler Latenz ist auf der Objektseite gekennzeichnet durch »Qualität« und »Universalismus« und auf der Subjektseite durch »Neutralität« und »Diffusität«.

Wir sehen also, dass alle »Pattern Variables« verknüpft sind: Affektivität und Performanz, Neutralität und Qualität, Spezifität und Universalismus, Diffusität und Partikularismus.
Es entsteht eine Art Muster (pattern) des Handelns, das verallgemeinert werden kann, also eine in allem Handeln regelmäßig wiederkehrende Struktur. Das ist aber noch nicht alles,

denn Parsons ist, wie bereits gesagt, ein verstehender und teleologisch denkender Soziologe. Er unterscheidet demnach in der Zielgerichtetheit der Handlungen instrumentelle Mittel und konsumatorische Ziele des Handelns. Das Lernen ist beispielsweise ein instrumentelles Mittel und das Schreiben der Klausur das konsumatorische Ziel, für das gelernt wurde; ähnlich verhält es sich bei Training und Wettkampf. Handeln

»ist zunächst an seinen Gegenwartspunkt gebunden – es findet ›hier und jetzt‹ statt. Systembildungen schaffen die Möglichkeit, diesen Gegenwartspunkt auszudehnen – sowohl in räumlicher als auch in zeitlicher Hinsicht. Die Besonderheit echter teleologischer Systeme liegt darin, daß sie über den Gegenwartspunkt hinaus Ziele in die Zukunft in Form von sinnvollen Visionen projizieren, die das Erleben und Handeln steuern. ›Living systems‹, deren Erleben und Handeln Parsons analysiert, sind ›pulsierende‹ Systeme mit einem eigentümlichen Rhythmus zwischen konsumatorischen und instrumentellen Phasen. Die instrumentellen Phasen dienen den Prozessen und Strukturen der Bestandserhaltung und Bestandsveränderung, die konsumatorischen Phasen dienen der Kontrolle, Überwachung und gegebenenfalls Neuformulierung von normativen Zustandsbedingungen im Verhältnis von System und Umwelt einerseits, im Verhältnis der Systemkomponenten zueinander andererseits. Aus diesen Überlegungen ergibt sich, daß einerseits die ›A‹- und die ›L‹-Probleme miteinander verknüpft sind und andererseits die ›G‹- und die ›I‹-Probleme.« (Jensen 1980, 80f.)

Das Handlungssystem setzt sich, wie wir gesehen haben, aus Subsystemen zusammen, deren Verbindung auf den »Pattern Variables« basiert. Der Handelnde nimmt in jeder Handlung auf alle vier Subsysteme Bezug. Parsons gibt diesen Systemen den Status selbstregulierender und selbsterhaltender Systeme, die sich von der Umwelt abgrenzen und jeweils nur ihre eigene Handlungskomponente produzieren und erhalten. Dadurch verschwinden die Aktoren als handelnde Subjekte. Parsons hat auf diese Weise zum einen den Zusammenhang von

Individuum und Gemeinschaft dargelegt, zum anderen aber den Schritt von der Handlungs- zur Systemtheorie getan, denn die handelnden Individuen »werden zu Einheiten abstrahiert, denen Entscheidungen und damit Effekte von Handlungen zugerechnet werden; sie sind jeweils abstrakte Platzhalter für die Aspekte des lernfähigen Organismus, des Motivhaushaltes einer Person, der Rollen und Mitgliedschaften eines Sozialsystems und der handlungsdeterminierenden Überlieferungen einer Kultur« (Habermas 1981a, 40).

JÜRGEN HABERMAS

Nach Auffassung von Habermas unterscheidet Parsons nicht zwischen System und Lebenswelt, letztlich zwischen Systemintegration und Sozialintegration, sondern führt – wie gesehen – die Handlungstheorie über in eine Systemtheorie, um die generellen Muster des Handelns der Menschen in individualisierten Gesellschaften zeigen zu können. Parsons trägt jede soziale Bewegung auf der Folie der Sozialintegration ab, die den Ausgangspunkt seiner theoretischen Überlegungen bildet. Systemintegration kommt bei Parsons nicht vor. Damit wird er nach Habermas' Auffassung der Komplexität moderner Gesellschaften nicht gerecht. (Vgl. Habermas 1981a, 45) Habermas hingegen trennt zwischen System und Lebenswelt. Die Sozialintegration erläutert er mithilfe des Begriffs der Lebenswelt, dem ich mich nun zuwende.

Stellt man die Frage, ob es bei Habermas eine oder mehrere Lebenswelten gibt, wird deutlich, dass der Begriff der Lebenswelt bei Habermas durchaus nicht eindeutig ist. Der Begriff taucht in seiner Theoriebildung sehr früh auf: in der *Logik der Sozialwissenschaften*. Dort sagt er, es müsse einen wissenschaftlich-stringenten Zugang zum gesellschaftlichen Normsystem geben. Dieses wird von Habermas »Lebenswelt« genannt, sie enthält eine umfassende Komplexität von Hinter-

grundüberzeugungen, zu denen nicht nur die individuellen Fertigkeiten, sondern auch die kulturellen Erbschaften gehören. »Soziales Handeln«, führt Habermas in Anlehnung an Max Weber aus, »ist eine Befolgung von Normen. Handlungsbestimmende Normen sind kollektive Verhaltenserwartungen. Diese Erwartungen sind ein für das institutionalisierte Handeln relevanter Ausschnitt der kulturellen Überlieferung. Diese ist ein Zusammenhang von Symbolen, der das umgangssprachlich artikulierbare Weltbild einer sozialen Gruppe und damit den Rahmen für mögliche Kommunikationen in dieser Gruppe festlegt.« (Habermas 1970, 141 f.) Und hier wird auch schon eine für die habermassche Theoriebildung wichtige Vorentscheidung getroffen: Der Bezugsrahmen für die Entfaltung des Begriffs der Lebenswelt ist nicht das soziale Handeln schlechthin, sondern das kommunikative Handeln. In der *Logik der Sozialwissenschaften* heißt es: »Noch ist Sprache nicht als das Gespinst durchschaut, an dessen Fäden die Subjekte hängen und an ihnen zu Subjekten sich erst bilden.« (Habermas 1970, 220) Das sollte in den nachfolgenden Jahren eine zentrale Aufgabe der habermasschen Theoriebildung werden. Es ist also hier von *einer* Lebenswelt die Rede, die von vielen geteilt wird. Wenn Habermas allerdings von der sozialen Gruppe spricht, für die es die geteilte Lebenswelt gibt, dann sind auch weitere Gruppen vorstellbar, die andere Lebenswelten haben; mithin gibt es *mehrere* Lebenswelten. Lebenswelt kann jeweils ausschnitthaft sichtbar werden, wenn in der Gruppe ein Kommunikationsproblem auftaucht. Die Bauarbeiter bevölkern ihre spezifische, für Bauarbeiter typische Lebenswelt, die der Student, der während der Semesterferien auf dem Bau arbeitet, nicht teilt. Andere Menschen haben offenbar eine andere Lebenswelt, die wiederum nur von ihresgleichen geteilt wird. (Vgl. Habermas 1981b/2,185)
Was ist aber die *eine* Lebenswelt, auf die sich alle Gesellschaftsmitglieder beziehen? In der Gesellschaft vollziehen sie kommunikative Handlungen und soziale Interaktionen. Damit diese möglich sind und nicht misslingen, müssen sich die

Gesellschaftsmitglieder auf die von ihnen geteilte Lebenswelt beziehen. Und gleichviel ob die kommunikativen Handlungen eine explizit sprachliche Form annehmen oder nicht, sind sie auf einen Kontext von Handlungsnormen und Werten bezogen, der Gesellschaft ausmacht und den Habermas »Lebenswelt« nennt. Ohne diesen normativen Hintergrund von Routinen, Rollen, soziokulturell eingeübten Lebensformen oder kurz: den Konventionen, die alle in Sprache »konserviert« sind (vgl. Habermas 1981b/2, 190f.), bliebe die einzelne Handlung unbestimmt. Die Lebenswelt ist für ihre Bewohner von so hoher Selbstverständlichkeit, dass sie sie sich nicht ständig bewusst machen. Die natürlichen Sprachen konservieren die kulturellen Evidenzen, in ihr haben sie ihren Bestand. »Der lebensweltliche Hintergrund besteht aus individuellen Fertigkeiten, dem intuitiven Wissen, wie man mit einer Situation fertig wird, und aus sozial eingelebten Praktiken, dem intuitiven Wissen, worauf man sich in einer Situation verlassen kann, nicht weniger als aus den trivialerweise gewußten Hintergrundüberzeugungen.« (Habermas 1984, 593; vgl. auch Habermas 1981b/2, 331) Die semantische Kapazität einer Sprache muss dabei der Komplexität der gespeicherten kulturellen Inhalte in Deutungs-, Wert- und Ausdrucksmustern angemessen sein. (Vgl. Habermas 1981b/2, 191) Das ist ein ganz wichtiger Aspekt, ohne den das habermassche Theoriekonzept nicht funktionieren würde.

Alle kommunikativen Handlungen erfüllen oder verletzen normativ festgeschriebene soziale Erwartungen und Konventionen. Durch den Bezug auf das gemeinsame Hintergrundwissen bilden nach Habermas die Individuen mit der Gesellschaft eine Einheit. Über dieses Hintergrundwissen, das für Habermas die »Lebenswelt« ausmacht, erfolgt also die Sozialintegration. Er sagt dazu:

»Das Konzept des verständigungsorientierten Handelns hat den weiteren und ganz anderen Vorzug, daß es diesen Hintergrund impliziten Wissens beleuchtet, welches a tergo in die kooperativen Deutungsprozesse eingeht. Kommunikatives Handeln spielt sich innerhalb einer Lebenswelt ab, die den Kommunikationsteilnehmern im Rücken bleibt. Diesen ist sie nur in der präreflexiven Form von selbstverständlichen Hintergrundannahmen und naiv beherrschten Fertigkeiten präsent. Wenn die sozio-, ethno- und psycholinguistischen Untersuchungen des letzten Jahrzehnts in einem konvergieren, dann ist es die vielfältig demonstrierte Erkenntnis, daß das kollektive Hintergrund- und Kontextwissen von Sprechern und Hörern die Deutung ihrer expliziten Äußerungen in außerordentlich hohem Maße determiniert. [...] Es ist ein implizites Wissen, das nicht in endlich vielen Propositionen dargestellt werden kann; es ist ein holistisch strukturiertes Wissen, dessen Elemente aufeinander verweisen; und es ist ein Wissen, das uns insofern nicht zur Disposition steht, als wir es nicht nach Wunsch bewußt machen und in Zweifel ziehen können.« (Habermas 1981b/1, 449 und 451)

Dieses Wissen bildet somit die Grundlage der Lebenswelt. (Vgl. Habermas 1984, 593) Die »strukturellen Komponenten der Lebenswelt [sind] Kultur, Gesellschaft und Person. Kultur nenne ich den Wissensvorrat, aus dem sich die Kommunikationsteilnehmer, indem sie sich über etwas in einer Welt verständigen, mit Interpretationen versorgen. Gesellschaft nenne ich die legitimen Ordnungen, über die die Kommunikationsteilnehmer ihre Zugehörigkeit zu sozialen Gruppen regeln und damit Solidarität sichern. Unter Persönlichkeit verstehe ich die Kompetenzen, die ein Subjekt sprach- und handlungsfähig machen, also instandsetzen, an Verständigungsprozessen teilzunehmen und dabei die eigene Identität zu behaupten.« (Habermas 1981b/2, 209)
Der Begriff »Lebenswelt« verfügt darüber hinaus über eine weitere Dimension. Habermas will System und Lebenswelt miteinander verknüpfen, um des alten Problems Herr zu werden, an dem schon Karl Marx und Max Weber gescheitert sind. Beide wollten Gesellschaftsentwicklung postulieren, stellten aber im Verlauf ihrer Analyse fest, dass die Hermetik der gesellschaftlichen Selbstreproduktion, was einem System im

Sinne Luhmanns sehr nahe kommt, einen menschlichen Eingriff mit dem Ziel der positiven Gesellschaft ausschließt. Die Möglichkeit des handelnden Eingriffs sieht Habermas trotz der Systembildungen in modernen komplexen Gesellschaften und der zunehmenden Kolonialisierung der Lebenswelt durch die Systeme weiterhin gewahrt. Beides zusammen, System und Lebenswelt, stellt für Habermas die Gesellschaft dar.
Habermas will nun auch zeigen – das gehört zur Entfaltung seines Gesellschaftsbegriffs hinzu –, wie Systeme aus der Lebenswelt heraus entstehen. Er begreift die Entkoppelung von System und Lebenswelt als einen evolutionären Differenzierungsvorgang. Als Ausgangspunkt des historischen Entkoppelungsprozesses nimmt er die Verschränkung von System- und Sozialintegration bei Stammesgesellschaften an. Es entwickeln sich Mechanismen, die den evolutionären Prozess der Entkoppelung vorantreiben. Sinn dieses Prozesses ist es, den bei zunehmender Komplexität überforderten Mechanismus sprachlicher Verständigung durch entsprachlichte Kommunikationsmedien zu ersetzen.
Komplexe und immer komplexer werdende Gesellschaften, wie sie auch bei Parsons zur Analyse standen, müssen zwei Risiken in der Lebenswelt zu vermeiden suchen: das »Risiko der fehlschlagenden Verständigung, also des Dissenses oder des Mißverständnisses, und das Risiko des fehlschlagenden Handlungsplanes, also des Mißerfolges« (Habermas 1981b/2, 194). Es entsteht in komplexen Gesellschaften ein beständig dichter werdendes Netz von Interaktionen, die der unmittelbaren normativen Steuerung entbehren. Dabei sieht Habermas im Prozess evolutionärer Entwicklung zwei Arten von Entlastungsmedien entstehen: die Kommunikationsmedien und die Steuerungsmedien. Als Beispiele für Kommunikationsmedien nennt er Schrift, Druckerpresse, elektronische Medien. Sie entlasten die Kommunikation nur in erster Instanz von Ja-Nein-Stellungnahmen zu kritisierbaren Geltungsansprüchen, denn sie ermöglichen die Bildung von Öffentlichkeit, werden somit an die kulturelle Überlie-

ferung angeschlossen und sind in letzter Instanz vom Handeln zurechnungsfähiger Aktoren abhängig. (Vgl. Habermas 1981b/2, 274 f.) Neben den Kommunikationsmedien entwickeln sich ebenfalls im Prozess der Abkoppelung von System und Lebenswelt die Steuerungsmedien Macht und Geld. Bei ihnen wird für die Koordinierung von Handlungen kein Rückgriff auf die Lebenswelt mehr benötigt. (Vgl. Habermas 1981b/2, 272) Sie regulieren sich ganz im luhmannschen Sinne selbst. Habermas will auf diese Weise die Systemtheorie in seine vom kommunikativen Handeln ausgehende Gesellschaftstheorie integrieren und sieht als Ergebnis eine Gesellschaft, die bei steigender Komplexität in einem historisch zu verfolgenden Entkoppelungsprozess zu ihrer eigenen Entlastung Systeme aus sich entlässt, die sich verselbstständigen und in die Lebenswelt zurückwirken. Das bezeichnet er als »Kolonialisierung der Lebenswelt«. Zur Konsequenz hat diese Formation eine real sich durchsetzende neue »Gewaltenteilung zwischen Markt, administrativer Macht und öffentlicher Kommunikation« (Habermas 1990, 65).

Habermas zeigt anhand von Verrechtlichungsprozessen, wie aus der Lebenswelt ein System erwächst, das dann wieder auf die Lebenswelt zurückwirkt. Diese Verrechtlichungsprozesse haben auf der einen Seite die Idee der Freiheit insofern eingelöst, als sie die Menschen aus vormodernen Gewalt- und Abhängigkeitsverhältnissen befreit haben. Auf der anderen Seite übernimmt das Recht aber die Rolle eines Steuerungsmediums. Die Subsysteme Wirtschaft und Staat werden immer komplexer und dringen tiefer in die symbolische Reproduktion der Lebenswelt mittels Verrechtlichungen ein. (Vgl. Habermas 1981b/2, 539) Je mehr Freizeit, Kultur, Erholung, Tourismus von den Gesetzen der Warenwirtschaft erfasst werden und je mehr Schule die Funktion übernimmt, Berufs- und Lebenschancen zuzuteilen, desto stärker wird die Lebenswelt von Systemen bestimmt. Auch hier sieht Habermas die Ambivalenzen: Einerseits wird der Rechtsschutz erweitert, werden Schule und Familie der Willkür entzogen, andererseits werden

Handlungsbereiche für bürokratische Eingriffe und gerichtliche Kontrollen geöffnet. Der Rechtsschutz wird mit einer tief in Lehr- und Lernvorgänge eingreifenden Justizialisierung und Bürokratisierung erkauft. (Vgl. Habermas 1981b/2, 545)
Ein anderes Phänomen, auf das Habermas hinweist, ist die kulturelle Verarmung der Lebenswelt durch die Ausdifferenzierung der Wertsphären Wissenschaft, Moral und Kunst. Alle drei Wertsphären haben eine vergleichbare interne Geschichte, die darin besteht, dass in ihnen der Abstand zwischen den Expertenkulturen und dem breiten Publikum wächst. Die Ursache für die kulturelle Verarmung der kommunikativen Alltagspraxis sei nicht die Ausdifferenzierung der Wertsphären, sondern die elitäre Abspaltung der Expertenkulturen von der Alltagspraxis. (Vgl. Habermas 1981b/2, 488)
Dieses zweite Phänomen, die kulturelle Verarmung, tritt neben die Verdinglichung, die durch das Eindringen von administrativer und ökonomischer Rationalität in alle Handlungsbereiche erzeugt wird.

Habermas zeigt aber auch, dass sich eigensinnige kommunikative Strukturen den Systemimperativen widersetzen, sodass der Wissenschaftler unvoreingenommen Tendenzen und Gegentendenzen gesellschaftlicher Entwicklungen untersuchen kann. Für Habermas gehört es zum einen zur Gesellschaftstheorie, die Mechanismen zu ermitteln, die die Weiterentwicklung der Gesellschaft verhindern, und zum anderen, das gesellschaftliche Entwicklungspotenzial aufzuzeigen, das zu entfalten sei. Letzteres geschieht, wenn Habermas das Konfliktpotenzial beschreibt, das an den Nahtstellen von System und Lebenswelt entsteht, wenn sich kommunikative Strukturen nicht ohne pathologische Nebenwirkungen auf systemintegrative Mechanismen umstellen lassen. Treten solche Nebenwirkungen auf, kann sich gegen die systemische Vereinnahmung Protest entfalten: »Die alternative Praxis richtet sich [dann] gegen die gewinnabhängige Instrumentalisierung der Berufsarbeit, gegen die marktabhängige Mobilisierung der Arbeitskraft, gegen die Verlängerung von Konkurrenz- und

Leistungsdruck bis in die Grundschule. Sie zielt auch gegen die Monetarisierung von Diensten, Beziehungen und Zeiten, gegen die konsumistische Umdefinition von privaten Lebensbereichen und persönlichen Lebensstilen.« (Habermas 1981b/2, 581)

Damit hat sich Habermas in seiner Theoriebildung von Parsons abgegrenzt. Er trägt nicht alles auf der Folie der Sozialintegration ab, was nach seiner Ansicht der Komplexität moderner Gesellschaft nicht entspricht, sondern sieht auch die Mechanismen der Systemintegration. Die Lebenswelt ist jedenfalls bei ihm die zentrale Schaltstelle der Sozialintegration, wo sich Individuen und Gesellschaft miteinander verbinden.

NIKLAS LUHMANN

Luhmann trifft bei der Frage, in welchem Verhältnis Individuum und Gesellschaft zueinander stehen, die für Systemtheoretiker selbstverständliche Unterscheidung von System und Umwelt. Menschen sind in seiner Theoriekonstruktion nicht Bestandteile der Gesellschaft oder Einheiten, die in ihren Interaktionen Gesellschaft ausmachen, sondern Menschen sind Umwelt für die Gesellschaft. Diese viel kritisierte Annahme bedeute aber nicht, so betont Luhmann, dass »der Mensch als weniger wichtig eingeschätzt würde im Vergleich zur Tradition. Wer das vermutet (und aller Polemik gegen diesen Vorschlag liegt eine solche Unterstellung offen oder versteckt zu Grunde), hat den Paradigmenwechsel in der Systemtheorie nicht begriffen.« (Luhmann 1984, 286) Individuen sind in Luhmanns Theorie autopoietische Systeme, die für sich nur das integrieren, was in ihre Systemstruktur integrierbar ist, d. h., sie orientieren sich »zwangsläufig an der eigenen Bewußtseinsgeschichte, wie eigenartig diese auch verlaufen sein mag« (Luhmann 1984, 363). Die These, dass die Individuen für die Gesellschaft Umwelt sind, war auch Bestandteil von Parsons' Theorie (vgl. Parsons 1976, 74 f.), der Person- und Sozialsystem in seinem AGIL-System in unterschiedlichen Feldern untergebracht hat. Diese Unterscheidung ist für die Gegenwartsgesellschaft ein sozialwissenschaftliches Erkenntnismittel von höchster Präzision.

Fasst man die Individuen als Bestandteile der Gesellschaft auf, dann ist es nicht möglich, zu unterscheiden, was ihr Eigenes ist und was an ihnen gesellschaftlich ist – eine Unterscheidung, die in Luhmanns Systemtheorie aber sehr wohl realisierbar ist. Durkheim hat noch über den Begriff »conscience collective« erfolglos versucht, die Kollektivbestandteile in jedem einzelnen Bewusstsein zu fassen. Kant hatte die Frage, wie Sozialintegration möglich ist, gelöst, indem er von einem Transzendentalsubjekt ausging, das im Besitz der Formen reiner Anschauung, der Verstandesbegriffe und der Vernunftideen sei, von dem jedes empirische Subjekt Anteile in sich trage, um überhaupt erkennen zu können. Daran war die Vorstellung der gleichen »Beteiligung aller Menschen an einer gemeinsamen Vernunft, die sie ohne weitere institutionelle Vermittlung besitzen«, gekoppelt. (Luhmann 1970, 67) Es gab ein transzendentales Supersubjekt. »Eben deshalb war die Unterscheidung transzendental/empirisch zwingend notwendig gewesen. Jedes Subjekt kann danach in der Selbstreflexion Fakten seines eigenen Bewußtseins als transzendentale Bedingungen postulieren und sich damit in dieser Sphäre mit dem Bewußtsein anderer identisch wissen.« (Luhmann 1994a, 44) Der kantische transzendentale Rahmen, der die empirischen Subjekte verbinden sollte, wird bei Habermas durch den Begriff »Lebenswelt«, verstanden als empirisches »framework«, ersetzt. Auch in dieser nachmetaphysischen Konstruktion sind Gesellschaft und Individuen nicht diskriminierbar. Es gibt für Habermas wie für Durkheim etwas Überindividuelles, das mit nicht genau bestimmbaren Teilen in den empirischen Einzelsubjekten steckt. Diese Theorie hat also insofern immer noch ihre transzendentalen Reste.

Anders sieht es in Luhmanns Theorie aus. Er wendet sich gegen die Auffassung, dass man Soziales nur als Zusammenspiel individueller Handlungen erklären könne, so als ob es keine Eigenständigkeit des Sozialen gäbe. (Vgl. Willke 1996, 318) »Was wären die Konsequenzen, wenn dies zuträfe?«, fragt Luhmann.

»Wenn man den Begriff des Menschen, wie gefordert, ›realistisch‹ ansetzt und empirisch ernst nimmt, müßte die Gesellschaft als ein riesiger Oktopus erscheinen, als eine Einheit mit nicht nur 8, sondern 5 oder 6 Milliarden relativ unabhängig, jedenfalls gleichzeitig agierenden Organen, die mit einem Minimum an ›Gehirn‹ auskommen und im übrigen auch gar nicht das Tempo der Koordinationsvorgänge erreichen könnte, das notwendig wäre, um die riesigen, der Umwelt ausgesetzten Flächen unter Kontrolle zu bringen. Die lokal stimulierten Bewegungen wären viel zu divers und viel zu schnell stimulierbar, um irgendeine Art von Programm, irgendeine Art von Selbststeuerung zu ermöglichen. Aus begreiflichen Gründen haben die methodologischen Individualisten nie versucht, eine oktopodistische Gesellschaftstheorie zu entwickeln. Sie müssen also entweder auf Realitätsbezug oder auf Erklärung verzichten.« (Luhmann 1994b, 480)

Man kann die Theorieentscheidung Luhmanns, die Gesellschaft und die Menschen zu unterscheiden und die Menschen als Umwelt der Gesellschaft aufzufassen, mithilfe eines empirischen Beispiels plausibilisieren: Mit dem Ende des Nationalsozialismus hat es in den deutschen Westzonen und später in der Bundesrepublik einen sozialen Systemwechsel von der Diktatur zur Demokratie gegeben. Das System Gesellschaft hat sich 1945 geändert, die psychischen Systeme hingegen nicht. Die Mentalitäten sind – trotz des demokratischen Gesellschaftssystems – über Jahre hinaus die gleichen geblieben wie während des nationalsozialistischen Systems. 1953 noch war die Mehrheit der bundesrepublikanischen Bevölkerung der Auffassung, dass die Widerstandskämpfer dem Ansehen des deutschen Volkes in der Welt geschadet hätten. Und 1956 waren noch neunundvierzig Prozent der bundesrepublikanischen Eltern dagegen, Schulen nach Widerstandskämpfern zu benennen. Zu der Zeit hatten wir den Nationalsozialismus bereits elf Jahre hinter uns. Man stelle sich für einen Augenblick vor, was gewesen wäre, wenn die Gesellschaft tatsächlich nichts anderes als die Kombinatorik menschlichen Denkens und Handelns wäre.

Der Individualisierungsprozess in der funktional differenzierten Gesellschaft geht einher mit einer von der Wissenschaft betriebenen Uniformierung der Individuen, die eine Erklärung der Gesellschaft aus dem Handeln von Individuen möglich erscheinen lässt. Weil die Individuen uniform sind, kann man die Annahme treffen, dass sie als Gesamtheit die Gesellschaft ausmachen. Ein abgestimmtes Handeln ist unter Gleichen eher zu plausibilisieren als zwischen diversen Individuen. Foucaults Kritik an den Humanwissenschaften setzt an dieser Gleichmachung an: Das Subjekt ist ein Produkt der Humanwissenschaften, sagt Foucault. Es wird als ein allgemeines angesehen, das bestimmte Attribute hat, die der einzelne konkrete Mensch auch haben muss, um überhaupt als menschliches Subjekt gelten zu können. Und diese Attribute, die zur Bestimmung dessen dienen, was ein Mensch zu sein hat, kann man beliebig festlegen. Was »Mensch« ist, ist damit ins wissenschaftliche Belieben gestellt. Diese Konzeption wird darum – so der bekannte Aphorismus von Foucault – verschwinden wie ein Gesicht im Sand am Rande des Meeres. (Vgl. Foucault 1971, 462) Die Kritik am abendländischen Subjektkonzept geht auf die Kritik von Ferdinand Tönnies (1855–1936) zurück, dem zufolge der Abstraktionsprozess, der alles abschleife, den abstrakten Menschen, »die künstlichste, regelmäßigste, raffinierteste aller Maschinen [...], konstruiert und erfunden« habe. (Tönnies 1991, 181) Die Gleichmachung ist zum einen zutiefst inhuman und zum anderen wissenschaftlich unwahrhaftig, denn die Menschen sind real nicht so einheitlich, wie die Humanwissenschaftler behaupten.

Wie sieht nun das Verhältnis von Individuum und Gesellschaft in Luhmanns Systemtheorie genau aus? In seiner Konstruktion nehmen die Individuen Informationen aus der Umwelt auf, wenn diese Informationen an den eigenen Bewusstseinsstrom angeschlossen werden können. Die Informationen fädeln sich sozusagen ein, während der Bewusstseinsstrom weiterläuft. Im Schutz der Grenze zu seiner Umwelt, der Gesellschaft, kann jedes einzelne psychische System Struktur und Komplexität aufbauen, sodass Individualität entstehen kann. »Wir addieren uns nicht zu einem Sozialsystem. Wir sind eingeschlossen in unsere Köpfe, und da kommen wir nicht hinaus. Aber gemeinsam (durch unsere Beiträge) sind wir beteiligt an der Produktion eines Sozialsystems, das sich, um es vorläufig metaphorisch auszudrücken, von uns ablöst, seine eigenen Gesetzmäßigkeiten hat und entsprechend dieser Gesetzmäßigkeiten und Eigenarten beobachtet werden muß.« (Fuchs 1993, 22 f.) Und diese eigene Operation des Sozialsystems, die unter spezifischen Gesetzmäßigkeiten abläuft, ist die Kommunikation: »Die Gesellschaft besteht nicht aus Menschen, sie besteht aus Kommunikation zwischen Menschen.« (Luhmann 1981, 20) Kommunikation gibt es Luhmann zufolge allerdings nur – und nun werden die menschlichen Individuen zur Gesellschaft in Beziehung gesetzt –, wenn es ein Bewusstsein gibt, das die Kommunikation in Gang hält und reproduziert.

Kommunikation aber ist überhaupt nur auf der Basis von Bewusstsein möglich. Sie kann nie direkt an die physische Außenwelt anschließen. Die physische Außenwelt wird vom Bewusstsein wahrgenommen, und kommuniziert werden Bewusstseinsinhalte. (Vgl. Luhmann 1990, 45) »Kommunikation [kann] weder Wahrnehmungen aufnehmen noch selbst Wahrnehmungen produzieren.« (Luhmann 1995b, 20) Damit es Kommunikation geben kann, muss es also Bewusstsein geben. Oder anders: Damit es Gesellschaft geben kann, muss es menschliche Individuen mit Bewusstsein geben. Das Bewusstsein wird als Zwischenspeicher für kommunikative Informationen gebraucht. (Vgl. Luhmann 1997, 104) Kommunikation ist auf die Bewusstseine angewiesen. Beide Systeme müssen miteinander in Verbindung treten, d. h. Anschlussmöglichkeiten finden, soll soziale Kommunikation möglich sein.

»Psychische Systeme, die an Kommunikation teilnehmen, prozessieren in sich selbst [...] sehr viel mehr Information, als sie in die Kommunikation eingeben.« (Luhmann 1990, 27)

Diese Informationen werden nicht unbedingt Gegenstand der Kommunikation. Das psychische System ist ja - das muss in Erinnerung gerufen werden - ein autopoietisches System. »In ihm kommen offenkundig nur Gedanken vor, sonst nichts, und es scheint so zu sein, daß irgendwie diese Gedanken weitere Gedanken produzieren müssen, sonst käme es zum Stillstand.« (Fuchs 1993, 171)

Gedanken können Gegenstand einer sozialen Kommunikation werden. Dass es Bewusstseine gibt, ist also die Bedingung für Kommunikation. Kommunikation ist öffentlich und besteht immer, denn sonst würde Gesellschaft verschwinden. Kommunikation ist die Operationsweise des Systems Gesellschaft, das sie erhält. Solange Gesellschaft besteht, besteht auch Kommunikation. Die einzelnen psychischen Systeme können an Kommunikation anschließen. Dadurch, dass es zu keinem direkten Anschluss eines psychischen Systems an ein anderes kommen kann (vgl. Luhmann 1995b, 25), sondern dass dies über den Umweg der Kommunikation geschehen muss, bekommt die Kommunikation ihre Bedeutung als eigenständiges geschlossenes System, das immer da und zugänglich sein muss. (Vgl. Luhmann 1990, 24) Kommunikation besteht somit immer, sie hat keinen Anfang. Kommunikation ist nach Luhmann eine Vernetzung.

Luhmann hat damit die Verbindung von Individuen und Gesellschaft durch die Unterscheidung und gleichzeitige Verknüpfung von Bewusstsein und Kommunikation systemtheoretisch konstruiert und auf diese systemtheoretische Weise eine Antwort auf die Ordnungsfrage moderner Gesellschaft gegeben. Auch für ihn ist - wie für Habermas - die Kommunikation das Medium der Sozialintegration.

6. Resümierende Bewertung

ZU DEN ANALYSEN DES GESCHICHTSVERLAUFS

Wir haben eine Reihe verschiedener Theorien über den Geschichtsverlauf kennen gelernt, die zum Teil – wie bei Comte und Marx – politisch motiviert waren. Im Wesentlichen kann man diese Theorien in systemtheoretische und handlungstheoretische einteilen. Eine Theorie, die beide Sichtweisen zu verbinden vermag, ist die, die der Historiker Christian Meier vorgestellt hat. Wie schon Dilthey, Apel und von Wright bezweifelt er die Durchgriffskausalität menschlicher Handlungen bei der Steuerung geschichtlicher Verläufe. Er sieht die geschichtliche Entwicklung als einen Prozess. Als einen autonomen Prozess bezeichnet Christian Meier das Aufeinandertreffen von Handeln und kontingenten oder zwangsläufigen Modalitäten. (Vgl. Meier 1978, 27) Dies alles wirkt aufeinander und führt dann zu einer historischen Entwicklung. Meier zeigt das am Beispiel der Motorisierung:

»Ausgangskonstellation ist ein in der westlichen Welt wie auch immer erreichter hoher Grad wissenschaftlicher Erkenntnis und technischer Fertigkeit samt bestimmten Produktions- und Einkommensverhältnissen. Im Rahmen dieser Konstellation muß das – teils vorauszusetzende, teils zu weckende – Bedürfnis unzähliger Menschen, sich bequem, rasch und ganz nach eigenem Willen fortzubewegen, sich notwendig so auswirken, daß zahlreiche Motorfahrzeuge gekauft und gefahren werden. […] Nachdem der Prozeß einmal in Gang gekommen ist, ruft er also die Antriebe, aus denen er läuft, zum Teil selbst hervor. Das vollzieht sich zugleich auf Umwegen. Denn wegen der Folgen der Motorisierung und weil jene Ausgangskonstellation zugleich das Bedürfnis nach einem ›Eigenheim‹ für sehr viele erfüllbar macht, verändern sich die Siedlungsgewohnheiten. Dies wiederum steigert das Bedürfnis nach eigenen Fahrzeugen (zumal wenn der öffentliche Nahverkehr nicht genügend funktioniert etc.). Die Veränderung, die daraus resultiert, wird von den Beteiligten nicht unbedingt gewollt, ja weithin geradezu abgelehnt. Wir wollen ja etwa, indem wir ein Auto kaufen und fahren, uns nur rasch, bequem und direkt zum Ziel bewegen. Daß unzählige andere uns mit ihren Autos dabei den Weg verstellen, die Straße verstopfen, die Parkplätze im weiteren Umkreis besetzen, die Aussicht verschandeln, daß Einbahnstraßensysteme uns zu weiten Umwegen zwingen, unzählige Ampeln uns in unserer Fahrt behindern, ist uns lästig. All dies bewirken wir aber, unmittelbar oder mittelbar.« (Meier 1978, 28 f.)

Der Prozess beginnt also dann, wenn bestimmte kontingente Ausgangskonstellationen vorliegen. Das sind ein hoher Grad wissenschaftlicher Erkenntnis, technische Fertigkeiten und bestimmte Produktions- und Einkommensverhältnisse. Bei den Menschen stellen sich daraufhin Bedürfnisse und daraus abgeleitete Handlungsmotive ein. Die Antriebe, auf denen der Prozess beruht, ruft er zum Teil selbst hervor, aber nur zu Beginn des Prozesses, wie wir bei Marx und Max Weber gesehen haben. Der Prozess ist zudem zirkulär: Dadurch, dass die Menschen aufgrund der Motorisierung Eigenheime bauen können und das auch tun, steigert sich die Autoproduktion. Der Prozess ist dabei so eigenständig, dass er selbsttätig seine Randbedingungen stabilisiert und nicht intendierte Nebenwirkungen erzeugt. Diese Automatisierung des Prozesses kann sogar zur Umkehrung des gewollten Ziels führen. Christian Meier zeigt das am Niedergang der römischen Republik. Das Eigenartige an diesem Prozess ist, dass von den treibenden Kräften keine den Untergang wollte, sie ihn aber allesamt bewirkten. (Vgl. Meier 1978, 34–40) Meier schreibt: »Was im ganzen als sinnlos erscheint, entsprang einer Multiplikation von insgesamt sinnvollen Handlungen.« (Meier 1978, 40) Die Handlungssummen bekommen die Eigendynamik eines unkontrollierten und später auch unkontrollierbaren Prozesses.

Das sahen wir ganz eindrucksvoll in der marxschen Kapitalanalyse. Marx' Geschichtsauffassung könnte man trotz der oben aufgezeigten Widersprüchlichkeiten zwischen seinen frühen und späten Schriften auf der einen und den Schriften in der Zeit seiner Kapitalanalysen auf der anderen Seite so charakterisieren: »Es geht nicht vorwiegend um die besonders hervortretenden Aktivitäten von Korporationen und Funktionsträgern – ein Hauptgedanke ist vielmehr, daß dies immer nur sozusagen die korpuskularen Verdichtungen innerhalb eines breit gelagerten Ganzen sozialer Feldenergien sind.« (Fleischer 1978, 181) Der Gedanke, dass die Geschichte nicht eine Geschichte von Klassenkämpfen sei und Menschen ihre Sozialität auch nicht bewusst und aktiv gestalten könnten, beschlich Marx schon früh. Helmut Fleischer schreibt dazu: »Die frühen Texte [machen] den Widerstreit zwischen Kräften einer ›Selbstbetätigung‹ und den Zumutungen von Fremdbestimmtheit namhaft.« (Fleischer 1978, 184)
Für die Betrachtung des Geschichtsprozesses resultiert aus den marxschen Analysen und aus den oben angeführten Beispielen von Christian Meier, dass man ausschließlich empirische Tendenzen feststellen kann, die sich aus den Ausgangskonstellationen, den Randbedingungen, den möglichen Nebenwirkungen und den menschlichen Motiven ergeben. Für eine Einflussnahme auf diesen Prozess muss man des Weiteren einschätzen, ob die menschlichen Kräfte ausreichen, es mit diesen Tendenzen aufzunehmen. Es spricht also nichts dafür, dass die Geschichte irgendwann ein autonomer Prozess gewesen ist. (Vgl. Meier 1978, 46) Betrachtet man die historischen Beispiele, die ich im Kontext der Darstellungen von Marx, Max Weber, Dilthey, Apel und von Wright, aber auch von Luhmann angeführt habe, so stützen sie die Auffassung von Christian Meier. Seine Auffassung ist so plausibel, dass sich wohl kaum historische Gegenbeispiele finden lassen, die seine Theorie entkräften könnten. Selbst Habermas spricht davon, dass die »Autoren« des Geschichtsprozesses in ihn »verstrickt« seien. Man könnte daraus etwas

von den unkontrollierbaren Bedingungen lesen, die Christian Meier angeführt hat.

ZUR FRAGE DES SINNVERSTEHENS

Die Methode des Sinnverstehens habe ich als die genuine sozial- und geisteswissenschaftliche Methode schlechthin eingeführt. Die Frage, die am Schluss noch beantwortet werden muss, ist die, wie sich diese Methode mit so unterschiedlichen sozialphilosophischen Theorien wie der Handlungs- und Systemtheorie verträgt. Ist diese Methode mit den Theorien von Habermas und Luhmann gleichermaßen verträglich?
Das Verstehen des anderen ist für Habermas ganz entscheidend abhängig von der geteilten Lebenswelt, also den Hintergrundüberzeugungen und dem intuitiven Wissen, auf das man sich in einer Situation verlassen kann. Auf der Basis dieses geteilten lebensweltlichen Wissens sind das wechselseitige Verstehen und eine an der Handlungstheorie orientierte Gesellschaftsanalyse erst möglich. Ich habe bei der Darstellung von Dilthey deutlich gemacht, dass der Sozialwissenschaftler der Lebenswelt seines Beobachtungsgegenstands selbst angehören muss. Nur so ist der Sinn der Handlungen anderer verstehbar. Nur auf der Basis des eigenen Sinnhorizonts lässt sich der Sinn der Handlungen anderer verstehen. »Das Verstehen ist ein Wiederfinden des Ich im Du«, schrieb Wilhelm Dilthey. (Dilthey 1970, 235) Das gilt für jede Handlungstheorie und selbstverständlich auch für die habermassche Theorie. Für Habermas ist Gesellschaft ja nichts anderes als das Ensemble handelnder Menschen.
Wie aber steht es mit dem Sinnverstehen im Rahmen der luhmannschen Systemtheorie? Luhmann ist der Überzeugung, dass allein auf der Basis der Grundbegriffe der Handlungstheorie keine Gesellschaftsanalyse durchzuführen sei, weil eine höhere Komplexität die Gesellschaft ausmache.[17] Nur auf das

Handeln der Menschen zu rekurrieren sei zu wenig, um die ganze soziale Komplexität einfangen zu können. Wenn es allerdings um das Verstehen des Sinns des anderen, meines Gegenübers also, geht, scheinen mir der Sinnbegriff, den Habermas verwendet, und der, den Luhmann verwendet, nicht so weit voneinander entfernt zu sein, obwohl Habermas in der Auseinandersetzung mit Luhmann im Jahre 1971 behauptet, dass dann, wenn »eine Kategorie von ›Sinn‹ zugelassen« würde, eine systemtheoretische Terminologie überflüssig würde, ihr »grundbegrifflicher Rahmen [werde] gesprengt«. (Habermas/Luhmann 1971, 182) Gebrauche die Systemtheorie den Begriff »Sinn«, dann müsse sie konsequenterweise Handlungstheorie sein.

»Sinn« versteht Luhmann ganz anders als Habermas. Wo liegt der Unterschied? Was Habermas darunter versteht, ist identisch mit dem, was wir von Max Weber und von Wilhelm Dilthey kennen. Jedem Verhalten ist ein Sinn unterlegt, sodass wir von Handeln sprechen können. Handeln ist Verhalten plus Sinn. Demselben Verhalten kann ein jeweils anderer Sinn unterlegt sein. Die Beobachtung eines Menschen, der Holz hackt, lässt nur eine Aussage über seine beobachtbare Tätigkeit zu. Warum er das macht, wissen wir noch nicht. Der Sinn kann – wie wir oben im Max-Weber-Kapitel gesehen haben – ein jeweils anderer sein. Diesen Sinn können wir nur mithilfe der Methode des Sinnverstehens ermitteln. Eine annäherungsweise Ermittlung des Sinns der Handlung eines beobachteten Menschen wird so vollzogen, dass der beobachtende Soziologe sich vorstellt, welches der Sinn seiner Handlung in einer ähnlichen Situation wäre. Der Soziologe erkennt nun die eigenen Sinnstrukturen umso besser, als er sie bei den anderen Menschen erkennt. Auf dieser Basis erkennt er nun den Sinn der Handlungen anderer wiederum besser usw.

Für Luhmann ist das Bewusstsein des einzelnen Menschen ein abgeschlossenes System mit eigenen Bewusstseins-, Erlebnis- und Erfahrungsinhalten. »Man orientiert sich zwangsläufig an der eigenen Bewußtseinsgeschichte, wie eigenartig diese auch verlaufen sein mag.« (Luhmann 1984, 363) Der Sinn des Sinns ist laut Husserl, an dem Luhmann sich orientiert, für das Bewusstsein Bewusstseinserlebnisse zu aktualisieren, weil der »Erlebnisstrom [...] nie aus lauter Aktualitäten bestehen« könne. (Husserl 1913, 63) Da für Husserl die Bewusstseinsinhalte die Tatsachen sind, auf die man sich kognitiv zu beziehen hat, ist bei ihm der Sinn des Sinns, auswählen zu können; auswählen zu können, was sich von den Erlebnissen an den Bewusstseinsstrom anschließen lässt. Sinn ist für Husserl das Instrumentarium, das zwischen Möglichkeit und Wirklichkeit, zwischen »energeia« und »dynamis« oder »actus« und »potentia«, vermittelt. Mithilfe des Sinns werden aus der Fülle der Erfahrungen einzelne herausgehoben bzw. aktualisiert. Sinn hat also in erster Linie die Funktion, Selektionen vorzunehmen. Dies gilt bei Luhmann nicht nur für vergangene Erlebnisse und Erfahrungen, sondern auch für aktuelle Wahrnehmungen. Man sieht nur, was man sieht. Man kann auch sagen, dass jedes Bewusstseinssystem entscheidet, ob die Aufnahme von Informationen aus der Umwelt für es selbst sinnvoll ist, ob sie Informationen sind oder nicht. »Sinn läßt keine andere Wahl als zu wählen.« (Luhmann 1984, 194) Wählen kann man immer nur unter verschiedenen Möglichkeiten. Diese verschiedenen Wahlmöglichkeiten, etwa warum man in der aktuellen Situation Holz hackt bzw. ob man überhaupt Holz hackt, hat jeder Mensch. Nun war es aber auch nach Dilthey nur annäherungsweise möglich, den Sinn des anderen zu verstehen. Da in der luhmannschen Systemtheorie die Bewusstseinssysteme geschlossene Systeme sind, kann man auch deren Sinnhorizont, deren Wahl für etwas, was sich an den je unterschiedlichen Bewusstseinsstrom anschließen lässt, nur annäherungsweise verstehen. Alfred Schütz kommt als Handlungstheoretiker der Auffassung Luhmanns sehr nahe, wenn er sagt, dass der Sinn, den man selbst hat, nicht unbedingt der Sinn ist, den ein anderer Beobachter hat. (Vgl. Schütz 1974, 30) Als Beobachter könne man den Sinn eines anderen bestenfalls annäherungsweise ermitteln. Dieser Auffassung ist auch Luhmann; darin stimmt er mit den Handlungstheoretikern überein. Der einzige Unterschied ist der, dass es für Luhmann zu wenig ist, zu sagen, dass die Gesellschaft ein Ensemble von handelnden Menschen ist. Doch für die Ermittlung der Sinnstrukturen meines Gegenübers ist auch innerhalb der Systemtheorie die sinnverstehende Methode durchaus anwendbar. Die Notwendigkeit, sich dem Sinn des anderen anzunähern, ergibt sich aus der Situation der doppelten Kontingenz, die ich oben im Parsons-Kapitel geschildert habe. Damit die Situation der doppelten Kontingenz bewältigt werden kann, muss ich den Sinn des erwartbaren Handelns meines Gegenübers mindestens annäherungsweise wissen. Luhmann übernimmt diese Figur der doppelten Kontingenz und deren Bewältigung durch Freiheitsbeschränkungen von Parsons. Darum kann man abschließend sagen, dass die sinnverstehende Methode für die Sozialphilosophie unverzichtbar ist, ganz gleich, in welchem theoretischen System man sich befindet.

Anmerkungen

1 Dessen ungeachtet bezeichnete Max Horkheimer in seiner Antrittsvorlesung als Inhaber des Lehrstuhls für Sozialphilosophie Hegel als Sozialphilosophen.

2 Vgl. dazu auch die Fußnote 7, die sich auf das Verhältnis von Logischem und Historischem bei Marx bezieht, und meine Abschlussreflexion, in der ich auf das Verhältnis von Logischem und Historischem noch einmal eingehen werde.

3 An dieser Stelle wird der Begriff von Comte erstmals genannt.

4 Das war der Grund, warum Spencers Theorie für Darwin nur geringen wissenschaftlichen Wert hatte – abgesehen davon, dass Darwin Spencers Egomanie abstoßend fand. (Vgl. Hösle/Illies 1999, 34)

5 Mitgeteilt im Brief an den Autor vom 15. August 2000.

6 Ich werde diese Sozialphilosophie, die ich als ein hervorragendes Beispiel hier bereits darstelle, darum später nicht in einem eigenen Kapitel behandeln.

7 Es gibt ganz unterschiedliche Auffassungen dazu, ob Marx hier tatsächlich den historischen Verlauf gesellschaftlicher Entwicklung zeigen wollte. Ich neige aus unterschiedlichen Gründen dazu, dies anzunehmen. (Vgl. Horster 1979, 137–143)

8 Dahrendorf ist der Auffassung, dass Marx das anhand der Beziehung von Produktivkräften und Produktionsverhältnissen mache, was »immer strittig gewesen ist« (Fleischer 1979, 177). Marx zeigt an einigen Stellen seines Werks, dass die Produktivkräfte als Antriebsfaktoren die Produktionsverhältnisse, die die Strukturen bilden, mobilisieren. Darauf legt Dahrendorf bei seiner Marx-Darstellung das Schwergewicht. Dies mag mit ein Grund dafür sein, dass Dahrendorf Marx im Gegensatz zu mir durchgängig als Handlungstheoretiker sieht. (Vgl. Dahrendorf 1999, 61)

9 Dies ist nicht so sehr weit von der Auffassung Durkheims entfernt, der Moral zur Solidarität konzeptualisiert. Man bedenke, dass in der habermasschen Theorie die Moral der Kommunikation inhärent ist.

10 Luhmann schreibt an dieser Stelle, dass der radikale Konstruktivismus uns über Sachverhalte unterrichte, »die man immer schon gewußt hat«, und die Ausbreitung des radikalen Konstruktivismus geschehe derzeit »mehr epidemisch als epistemisch«.

11 Kuhn bringt ein Beispiel, das klar macht, was Luhmann hier meint, dass sich nämlich aus unterschiedlichen Perspektiven derselbe Gegenstand ändert: »Ein Forscher, der etwas darüber zu erfahren hoffte, wie Wissenschaftler die Atomtheorie auffassen, fragte einen ausgezeichneten Physiker und einen hervorragenden Chemiker, ob ein einzelnes Heliumatom ein Molekül sei oder nicht. Beide antworteten ohne zu zögern, doch ihre Antworten waren verschieden. Für den Chemiker war das Heliumatom ein Molekül, da es sich in bezug auf die kinetische Theorie der Gase wie ein solches verhielt. Für den Physiker war das Heliumatom jedoch kein Molekül, weil es kein Molekularspektrum zeigte.« (Kuhn 1973, 77)

12 Dieses Kapitel entspricht im Wesentlichen meinen Ausführungen zu Hobbes in: Horster 2002, 32–39.

13 In den deutschen Übersetzungen des *Leviathans* habe ich durchweg nicht zufrieden stellende Übersetzungen dieser drei Begriffe gefunden, die im englischen Original heißen: competition, diffidence, glory. Ich habe sie so übersetzt, wie es m. E. dem hobbesschen Text angemessen ist.

14 Zitiert wird aus dem zweiten Buch *Über die Regierung*, Kapitel und Absatz.

15 Lateinisch und bedeutet hier »endgültig«.

16 Interessanterweise werden Recht und Moral von Durkheim nicht unterschieden. Das Recht ist für ihn das »sichtbare Symbol« der Moral. (Vgl. Durkheim 1992, 111) Daraus speist sich sein methodisches Vorgehen. Da die Moral der Beobachtung nicht zugänglich sei, müsse sie über das sichtbare Recht ermittelt werden. Man müsse die »inneren Tatsachen, die sich uns entziehen, durch die äußeren Tatsachen ersetzen« (Durkheim 1992, 111).

17 Vgl. dazu auf S. 130 den Vergleich der Gesellschaft mit einem riesigen Oktopus.

Zitierte Literatur

Adorno, Theodor W.: Gesammelte Schriften, Band 8, Frankfurt/M. 1972.

Apel, Karl-Otto: Transformation der Philosophie, 2 Bände, Frankfurt/M. 1973.

Apel, Karl-Otto: Die Erklären:Verstehen-Kontroverse in transzendentalpragmatischer Sicht, Frankfurt/M. 1979.

Apel, Karl-Otto: Diltheys Unterscheidung von »Erklären« und »Verstehen« im Lichte der Problematik der modernen Wissenschaftstheorie, in: Ernst Wolfgang Orth (Hg.), Dilthey und die Philosophie der Gegenwart, Freiburg und München 1985, S. 285–347.

Apel, Karl-Otto: Diskurs und Verantwortung. Das Problem des Übergangs zur postkonventionellen Moral, Frankfurt/M. 1988.

Benhabib, Seyla: Selbst im Kontext. Kommunikative Ethik im Spannungsfeld von Feminismus, Kommunitarismus und Postmoderne, Frankfurt/M. 1995.

Bittner, Rüdiger/Cramer, Konrad (Hg.): Materialien zu Kants »Kritik der praktischen Vernunft«, Frankfurt/M. 1975.

Bloch, Ernst: Das Prinzip Hoffnung, Frankfurt/M. 1959 [= Gesamtausgabe, Band 5].

Bock, Michael: Auguste Comte, in: Dirk Kaesler (Hg.), Klassiker der Soziologie, Band 1: Von Auguste Comte bis Norbert Elias, München 1999, S. 39–57.

Brandt, Reinhard: Jean-Jacques Rousseau: Der Gesellschaftsvertrag, unveröffentlichtes Manuskript 2002.

Cassirer, Ernst: Substanzbegriff und Funktionsbegriff. Untersuchungen über die Grundfragen der Erkenntniskritik [1910], 7., unveränderte Aufl., reprografischer Nachdruck, Darmstadt 1994.

Comte, Auguste: Die Soziologie. Die positive Philosophie im Auszug (1880/81), herausgegeben von Friedrich Blaschke, Leipzig o. J. [1933].

Dahrendorf, Ralf: Zeitgenosse Habermas, in: Merkur, 43. Jg., Nr. 484, Juni 1989, S. 478–487.

Dahrendorf, Ralf: Karl Marx, in: Dirk Kaesler (Hg.), Klassiker der Soziologie, Band 1: Von Auguste Comte bis Norbert Elias, München 1999, S. 58–73.

Dilthey, Wilhelm: Der Aufbau der geschichtlichen Welt in den Geisteswissenschaften [1910], Frankfurt/M. 1970.

Durkheim, Émile: De la division du travail social [1930], deutsch: Über die soziale Arbeitsteilung. Studie über die Organisation höherer Gesellschaften [1977]. Mit einer Einleitung von Niklas Luhmann: »Arbeitsteilung und Moral. Durkheims Theorie«. Mit einem Nachwort von Hans-Peter Müller und Michael Schmid: »Arbeitsteilung, Solidarität und Moral. Eine werkgeschichtliche und systematische Einführung in die ›Arbeitsteilung‹ von Émile Durkheim«, Frankfurt/M. 1992.

Euchner, Walter: Locke, in: Hans Maier/Heinz Rusch/Horst Denzer (Hg.), Klassiker des politischen Denkens, Band 2, München 1968, S. 1–26.

Fleischer, Helmut: Zur Analytik des Geschichtsprozesses bei Marx, in: Karl-Georg Faber/Christian Meier: Historische Prozesse, München 1978, S. 157–185.

Fölsing, Albrecht: Albert Einstein. Eine Biographie, Frankfurt/M. 1995.

Foucault, Michel: Die Ordnung der Dinge, Frankfurt/M. 1971.

Fuchs, Peter: Niklas Luhmann – beobachtet. Eine Einführung in die Systemtheorie, 2., durchgesehene Aufl., Opladen 1993.

Gadamer, Hans-Georg: Gesammelte Werke, 10 Bände, Tübingen 1985 ff.

Gadamer, Hans-Georg: Wilhelm Dilthey nach 150 Jahren (Zwischen Romantik und Positivismus. Ein Diskussionsbeitrag), in: Ernst Wolfgang Orth (Hg.), Dilthey und die Philosophie der Gegenwart, Freiburg und München 1985, S. 157–182.

Gerhardt, Volker: Recht und Herrschaft. Zur gesellschaftlichen Funktion des Rechts in der Philosophie Kants, in: Rechtstheorie, Nr. 1/1981, S. 53–94.

Habermas, Jürgen: Zur Logik der Sozialwissenschaften, Frankfurt/M. 1970.

Habermas, Jürgen: Zur Rekonstruktion des Historischen Materialismus, Frankfurt/M. 1976.

Habermas, Jürgen: Talcott Parsons – Problem der Theoriekonstruktion, in: Joachim Matthes (Hg.), Lebenswelt und soziale Probleme.

Verhandlungen des 20. Deutschen Soziologentages zu Bremen 1980, Frankfurt/M. 1981a, S. 28–48.
Habermas, Jürgen: Theorie des kommunikativen Handelns, 2 Bände, Frankfurt/M. 1981b.
Habermas, Jürgen: Vorstudien und Ergänzungen zur Theorie des kommunikativen Handelns, Frankfurt/M. 1984.
Habermas, Jürgen: Der philosophische Diskurs der Moderne, Frankfurt/M. 1985.
Habermas, Jürgen: Die nachholende Revolution, Frankfurt/M. 1990.
Habermas, Jürgen: Der interkulturelle Diskurs über Menschenrechte. Vermeintliche und tatsächliche Probleme, in: Frankfurter Rundschau, Nr. 29, 4. Februar 1997, S. 10.
Habermas, Jürgen/Luhmann, Niklas: Theorie der Gesellschaft oder Sozialtechnologie – Was leistet die Systemforschung?, Frankfurt/M. 1971.
Hawking, Stephen W.: Eine kurze Geschichte der Zeit. Die Suche nach der Urkraft des Universums, München 2001.
Hegel, Georg Wilhelm Friedrich: Grundlinien der Philosophie des Rechts [= Werke, Bd. 7], Frankfurt/M. 1970.
Heidegger, Martin: Kant und das Problem der Metaphysik, 4. Aufl., Frankfurt/M. 1973.
Heß, Moses: Ökonomische Schriften, herausgegeben und eingeleitet von Detlef Horster, Darmstadt 1972.
Hobbes, Thomas: Leviathan, übersetzt und herausgegeben von J. P. Mayer, mit einem Nachwort von Malte Diesselhorst, Stuttgart 1974.
Hobbes, Thomas: Vom Mensch. Vom Bürger. Elemente der Philosophie, herausgegeben und eingeleitet von Günter Gawlich, Hamburg 1994.
Höffe, Otfried: Kategorische Rechtsprinzipien, Frankfurt/M. 1990.
Hösle, Vittorio: Zur Philosophie der Geschichte der Sozialwissenschaften, in: ders., Die Philosophie und die Wissenschaften, München 1999, S. 125–165.
Hösle, Vittorio/Illies, Christian: Darwin, Freiburg 1999.
Honneth, Axel: Pathologien des Sozialen. Tradition und Aktualität der Sozialphilosophie, in: ders. (Hg.), Pathologien des Sozialen. Die Aufgaben der Sozialphilosophie, Frankfurt/M. 1994a, S. 9–69.
Honneth, Axel: Desintegration. Bruchstücke einer soziologischen Zeitdiagnose, Frankfurt/M. 1994b.

Honneth, Axel: Die soziale Dynamik von Mißachtung. Zur Ortsbestimmung einer kritischen Gesellschaftstheorie, in: Leviathan, 22. Jg. (1994c), S. 78-93.

Horkheimer, Max: Gesammelte Schriften, Band 3, Frankfurt/M. 1988.

Horster, Detlef: Die Subjekt-Objekt-Beziehung im Deutschen Idealismus und in der Marxschen Philosophie, Frankfurt/M. 1979.

Horster, Detlef: Recht und Moral: Analogie, Komplementaritäten und Differenzen, in: Zeitschrift für philosophische Forschung, 51. Jg. (1997), S. 367-389.

Horster, Detlef: Postchristliche Moral. Eine sozialphilosophische Begründung, Hamburg 1999.

Horster, Detlef: Rechtsphilosophie zur Einführung, Hamburg 2002.

Husserl, Edmund: Ideen zu einer reinen Phänomenologie und phänomenologischen Philosophie, Halle 1913.

Jensen, Stefan: Talcott Parsons. Eine Einführung, Stuttgart 1980.

Kaesler, Dirk: Max Weber, in: Dirk Kaesler (Hg.), Klassiker der Soziologie, Band 1: Von Auguste Comte bis Norbert Elias, München 1999, S. 190-212.

Kant, Immanuel: Gesammelte Schriften (Akademie-Ausgabe), Berlin 1902-1923; Nachdr. 1968.

Kaufmann, Matthias: Rechtsphilosophie, Freiburg/München 1996.

Kaulbach, Friedrich: Immanuel Kant, Berlin 1969.

Kersting, Wolfgang: Wohlgeordnete Freiheit. Immanuel Kants Rechts- und Sozialphilosophie, Berlin 1984. Neuauflage mit einer aktuellen Einleitung, Frankfurt/M. 1993.

Kersting, Wolfgang: Politik und Recht. Abhandlungen zur politischen Philosophie der Gegenwart und zur neuzeitlichen Rechtsphilosophie, Weilerswist 2000.

König, René (Hg.): Das Fischer Lexikon »Soziologie«, Frankfurt/M. 1958.

Kuhlmann, Wolfgang: Ist eine philosophische Letztbegründung moralischer Normen möglich?, in: Deutsches Institut für Fernstudien an der Universität Tübingen (Hg.), Funkkolleg Praktische Philosophie/Ethik, Studienbegleitbrief 8, Weinheim/Basel 1981, S. 38-71.

Kuhlmann, Wolfgang: Kant und die Transzendentalpragmatik. Transzendentale Deduktion und reflexive Letztbegründung, in: Forum für Philosophie Bad Homburg (Hg.), Kants transzendentale Deduktion und die Möglichkeit von Transzendentalphilosophie, Frankfurt/M. 1988, S. 193-221.

Kuhn, Thomas S.: Die Struktur wissenschaftlicher Revolutionen, übersetzt von Kurt Simon, Frankfurt/M. 1973.

Kunczik, Michael: Herbert Spencer, in: Dirk Kaesler (Hg.), Klassiker der Soziologie, Band 1: Von Auguste Comte bis Norbert Elias, München 1999, S. 74–93.

Locke, John: Über die Regierung (The Second Treatise of Government [1689]), Übersetzung von Dorothee Tidow, mit einem Nachwort herausgegeben von Peter Cornelius Mayer-Tasch, Stuttgart 1974.

Löwith, Karl: Weltgeschichte und Heilsgeschehen. Zur Kritik der Geschichtsphilosophie [= Sämtliche Schriften, Band 1], Stuttgart 1983.

Luhmann, Niklas: Soziologische Aufklärung, Band 1, Opladen 1970.

Luhmann, Niklas: Zweckbegriff und Systemrationalität. Über die Funktion von Zwecken in sozialen Systemen, Tübingen 1968; Neudruck, Frankfurt/M. 1973.

Luhmann, Niklas: Soziologische Aufklärung, Band 2, Opladen 1975.

Luhmann, Niklas: Politische Theorie im Wohlfahrtsstaat, München/Wien 1981.

Luhmann, Niklas: Soziale Systeme. Grundriß einer allgemeinen Theorie, Frankfurt/M. 1984.

Luhmann, Niklas: Warum AGIL? in: Kölner Zeitschrift für Soziologie und Sozialpsychologie 40 (1988), S. 127–139.

Luhmann, Niklas: Die Wissenschaft der Gesellschaft, Frankfurt/M. 1990.

Luhmann, Niklas: Arbeitsteilung und Moral. Durkheims Theorie, in: Durkheim, Émile: De la division du travail social [1930], deutsch: Über die soziale Arbeitsteilung. Studie über die Organisation höherer Gesellschaften, Frankfurt/M. 1992, S. 19–37.

Luhmann, Niklas: Soziologische Aufklärung, Band 5, 2. Aufl., Opladen 1993.

Luhmann, Niklas: Die Tücke des Subjekts und die Frage nach dem Menschen, in: Peter Fuchs/Andreas Göbel (Hg.), Der Mensch – das Medium der Gesellschaft?, Frankfurt/M. 1994a, S. 40–56.

Luhmann, Niklas: Gesellschaft als Differenz. Zu den Beiträgen von Gerhard Wagner und von Alfred Bohnen in der Zeitschrift für Soziologie, Heft 4 (1994) in: Zeitschrift für Soziologie 23 (1994b), S. 477–481.

Luhmann, Niklas: Gesellschaftsstruktur und Semantik. Studien zur

Wissenssoziologie der modernen Gesellschaft, Band 4, Frankfurt/M. 1995a.
Luhmann, Niklas: Die Kunst der Gesellschaft, Frankfurt/M. 1995b.
Luhmann, Niklas: Die Gesellschaft der Gesellschaft, Frankfurt/M. 1997.
Luhmann, Niklas: Die Religion der Gesellschaft, herausgegeben von André Kieserling, Frankfurt/M. 2000.
Maier, Hans: Hobbes, in: Hans Maier/Heinz Rausch/Horst Denzer (Hg.), Klassiker des politischen Denkens, Band 1, 6. Aufl., München 1986, S. 266–282.
Marx, Karl: Das Kapital. Kritik der politischen Ökonomie, Band 1, Hamburg 1867.
Marx, Karl: Grundrisse der Kritik der politischen Ökonomie, Berlin 1953.
Marx-Engels Werke, herausgegeben vom Institut für Marxismus-Leninismus beim ZK der SED, Berlin 1957 (zitiert wird: MEW, Bandnummer, Seitenzahl).
Marx, Karl/Engels, Friedrich: Briefe über das Kapital, Erlangen 1972.
Meier, Christian: Fragen und Thesen zu einer Theorie historischer Prozesse, in: Karl-Georg Faber/Christian Meier: Historische Prozesse, München 1978, S. 11–66.
Mensching, Günther: Rousseau zur Einführung, Hamburg 2000.
Müller, Hans-Peter: Émile Durkheim, in: Dirk Kaesler (Hg.), Klassiker der Soziologie, Band 1: Von Auguste Comte bis Norbert Elias, München 1999, S. 150–170.
Münch, Richard: Talcott Parsons, in: Dirk Kaesler (Hg.), Klassiker der Soziologie, Band 2: Von Talcott Parsons bis Pierre Bourdieu, München 1999, S. 24–50.
Negt, Oskar: Die Konstituierung der Soziologie zur Ordnungswissenschaft. Strukturbeziehungen zwischen den Gesellschaftslehren Comtes und Hegels, Frankfurt/M. und Köln 1974.
Nida-Rümelin, Julian: Bellum omnium contra omnes. Konflikttheorie und Naturzustandskonzeption im 13. Kapitel des Leviathan, in: Wolfgang Kersting (Hg.), Klassiker auslegen. Thomas Hobbes: Leviathan oder Stoff, Form und Gewalt eines bürgerlichen und kirchlichen Staates, Berlin 1996, S. 109–130.
Orth, Ernst Wolfgang: Dilthey und die Gegenwart der Philosophie, in: ders. (Hg.), Dilthey und die Philosophie der Gegenwart, Freiburg und München 1985, S. 7–27.

Parsons, Talcott: The Structure of Social Action. A Study in Social Theory with Special Reference to a Group of Recent European Writers [1937], 5. Aufl., New York und London 1967.

Parsons, Talcott: The Social System, New York und London 1951.

Parsons, Talcott/Platt, Gerald M.: The American University, Cambridge/Mass. 1973.

Parsons, Talcott: Zur Theorie sozialer Systeme, herausgegeben und eingeleitet von Stefan Jensen, Opladen 1976.

Patzig, Günther: Tatsachen, Normen, Sätze, Stuttgart 1980.

Perrin, Robert G.: Herbert Spencer's four theories of social evolution, in: The American Journal of Sociology, 81. Jg. (1976), S. 1339–1359.

Reese-Schäfer, Walter: Luhmann zur Einführung, Hamburg 1992.

Rousseau, Jean-Jacques: Der Gesellschaftsvertrag oder die Grundsätze des Staatsrechtes [1762], in der verbesserten Übersetzung von H. Denhardt, herausgegeben von Heinrich Weinstock, Stuttgart 1966.

Rousseau, Jean-Jacques: Politische Ökonomie [1755], herausgegeben und übersetzt von Hans-Peter Schneider und Brigitte Schneider-Pachaly, Frankfurt/M. 1977.

Schelsky, Helmut: Die Soziologen und das Recht. Abhandlungen und Vorträge zur Soziologie von Recht, Institutionen und Planung, Opladen 1980.

Schütz, Alfred: Der sinnhafte Aufbau der sozialen Welt. Eine Einleitung in die verstehende Soziologie, Frankfurt/M. 1974.

Smith, Adam: Eine Untersuchung über Wesen und Ursachen des Volkswohlstandes [1776], herausgegeben von Horst Meixner und Manfred Turban, Band 2, Gießen 1973.

Spencer, Herbert: Die Principien der Sociologie. Autorisierte deutsche Ausgabe, nach der dritten vermehrten und verbesserten englischen Aufl. übersetzt von B. Vetter, Band 2, Stuttgart 1887.

Stichweh, Rudolf: Niklas Luhmann, in: Dirk Kaesler (Hg.), Klassiker der Soziologie, Band 2, München 1999, S. 206–229.

Süddeutsche Zeitung: Der Stachel im Fleisch. Die Replik der amerikanischen Intellektuellen auf die deutsche Kritik am »gerechten Krieg«, in: Süddeutsche Zeitung, Nr. 184, 10./11. August 2002, S. 13.

Tönnies, Ferdinand: Gemeinschaft und Gesellschaft. Grundbegriffe der reinen Soziologie, Neudruck der 8. Aufl. von 1935, 3., unveränderte Aufl., Darmstadt 1991.

Tugendhat, Ernst: Über die Notwendigkeit einer Zusammenarbeit

zwischen philosophischer und empirischer Forschung bei der Klärung der Bedeutung des moralischen Sollens, in: Wolfgang Edelstein/Gertrud Nunner-Winkler (Hg.), Zur Bestimmung der Moral. Philosophische und sozialwissenschaftliche Beiträge zur Moralforschung, Frankfurt/M. 1986, S. 25–36.
Volkmann-Schluck, Karl-Heinz: Freiheit, Menschenwürde, Menschenrecht. Zum Ethos der modernen Demokratie in der Sicht Kants, in: Johannes Schwardtländer (Hg.), Menschenrechte und Demokratie, Tübinger Universitätsschriften - Forschungsprojekt Menschenrechte, Band 2, Kehl/Straßburg 1981.
Wagner, Gerhard: Auguste Comte zur Einführung, Hamburg 2001.
Weber, Max: Gesammelte Aufsätze zur Wissenschaftslehre, Tübingen 1922.
Weber, Max: Die protestantische Ethik I. Eine Aufsatzsammlung, 4. Aufl., herausgegeben von Johannes Winckelmann, Hamburg 1975.
Weber, Max: Wirtschaft und Gesellschaft. Grundriss der verstehenden Soziologie, 5. revidierte Aufl., besorgt von Johannes Winckelmann, Tübingen 1976.
Wesel, Uwe: Fast alles, was Recht ist. Jura für Nicht-Juristen. Überarbeitete und aktualisierte Neuausgabe, 5. Aufl., Frankfurt/M. 1996.
Willke, Helmut: Ironie des Staates. Grundlinien einer Staatstheorie polyzentrischer Gesellschaft, Frankfurt/M. 1996.
Wright, Georg Henrik von: Erklären und Verstehen, aus dem Englischen von Günther Grewendorf und Georg Meggle, Frankfurt/M.1974.

Kommentierte Bibliographie

WRIGHT, GEORG HENRIK VON: Explanation and Understanding, London 1971, deutsch: Erklären und Verstehen, aus dem Englischen von Günther Grewendorf und Georg Meggle, Frankfurt/M. 1974 (Athenäum Fischer Taschenbuch Verlag)
Es geht von Wright darum, die Unterschiede zwischen Natur- und Sozialwissenschaften herauszuarbeiten, deren Traditionen er im ersten Teil darstellt. Von Wright stellt die drei Grundannahmen des comteschen Positivismus dar: die Einheit wissenschaftlicher Methoden beider Wissenschaftszweige; die exakten Naturwissenschaften, insbesondere die mathematische Physik, als methodisches Ideal und die kausale Erklärung als Ziel. Dagegen wurde von Dilthey die Hermeneutik als Methode der Geistes- und Sozialwissenschaften entwickelt. Damit ist der Gegensatz von Erklären und Verstehen benannt. Im weiteren Fortgang wird beides differenziert erörtert: Der zweite Teil des Buches ist überschrieben mit »Kausalität und kausale Erklärung«, der dritte mit »Intentionalität und teleologische Erklärung« und der vierte mit »Erklärung in den Geschichts- und Sozialwissenschaften«. Das Buch ist inzwischen zum Klassiker geworden, an den Karl-Otto Apel anknüpft in:

APEL, KARL-OTTO: Die Erklären:Verstehen-Kontroverse in transzendentalpragmatischer Sicht, Frankfurt/M. 1979 (Suhrkamp Verlag)
Apel kann dadurch, dass er von Wright weiterführt, sehr viel genauer sein; darum empfehle ich die Lektüre des apelschen Buches. Laut Dilthey erhebt die Geisteswissenschaft einen methodologischen Autonomieanspruch, der darin begründet sei, dass das Subjekt der Forschung zugleich ihr Objekt sei. Das Verstehen bestehe darin, dass man sich in die Situation des anderen versetze, auf diese Weise den Sinn seines Handelns verstehe, somit den eigenen Sinn besser verstehe und dadurch wieder den anderen besser und so fort. Am Schluss seines Buches kommt Apel im Kontext seines eigenen philosophischen Konzepts, der Transzendentalpragmatik, zu der Konsequenz, dass beide Wissenschaftszweige, die Geistes- und die Naturwissenschaften, eine unabdingbare Voraussetzung gemeinsam

hätten. Es handelt sich um das transzendentalpragmatische Letztbegründungsprinzip als unhintergehbare Grundnorm der natur- wie der sozialwissenschaftlichen Argumentationsgemeinschaft: Anerkennung und Ernstnehmen des Gegenübers, mit dem man sich über wissenschaftliche Gegenstände auseinander setzt.

KAESLER, DIRK (Hg.): Klassiker der Soziologie, 2 Bände, München 1999 (Verlag C. H. Beck); Band 1: Von Auguste Comte bis Norbert Elias; Band 2: Von Talcott Parsons bis Pierre Bourdieu
Die beiden Bände versammeln Werk-Biographien der bedeutendsten Sozialphilosophen und Soziologen, wie Comte, Marx, Spencer, Durkheim, Mead, Max Weber, Alfred Schütz, Parsons, Adorno, Luhmann, Habermas, Bourdieu. Der Herausgeber hat für die einzelnen Artikel kenntnisreiche Autoren gewinnen können. Eine nützliche Anthologie.

CASSIRER, ERNST: Substanzbegriff und Funktionsbegriff. Untersuchungen über die Grundfragen der Erkenntniskritik [1910], 7., unveränderte Aufl., reprografischer Nachdruck, Darmstadt 1994 (Wissenschaftliche Buchgesellschaft)
Mit diesem Werk hat Cassirer sowohl die Entwicklung des Systemfunktionalismus (Parsons) wie die der funktionalen Systemtheorie (Luhmann) beeinflusst. In diesen Theorien geht es darum, die Funktion zu bestimmen, die ein Subsystem, wie z. B. die Wirtschaft, die Politik oder die Wissenschaft, für die Erhaltung der gesamten Gesellschaft hat. Für den Sozialwissenschaftler sei es wichtig, den »Verflechtungszusammenhang von sozialen Elementen« zu analysieren, um über die Gesellschaft etwas Triftiges aussagen zu können. Weil Cassirer plausibel macht, dass es in den Sozialwissenschaften nicht um Wesensbestimmung gehen kann, sondern um die Bestimmung der Funktion, ist dieses Werk für das Verständnis gegenwärtiger Sozialwissenschaften von Bedeutung. Ich habe die Argumentation Cassirers in einem Exkurs im vorliegenden Band ausführlich dargestellt.

DILTHEY, WILHELM: Der Aufbau der geschichtlichen Welt in den Geisteswissenschaften [1910], Frankfurt/M. 1970 (Suhrkamp Verlag)
In diesem Band sind die wichtigsten Darstellungen der Hermeneutik durch Wilhelm Dilthey versammelt. Im Gegensatz zu Gadamers Werk *Wahrheit und Methode* besticht Dilthey durch die Systematizität seiner Gedankenführung. Die folgenden beiden Texte des Bandes bringen das Verständnis der Hermeneutik näher: *Abgrenzung der Geisteswissenschaften*, S. 89-100, und *Die Struktur der Geisteswissenschaften*, S. 156-196.

HABERMAS, JÜRGEN/LUHMANN, NIKLAS: Theorie der Gesellschaft oder Sozialtechnologie - Was leistet die Systemforschung?, Frankfurt/M. 1971 (Suhrkamp Verlag)
Der Klassiker der Auseinandersetzung zwischen einem Vertreter der Handlungstheorie und der Systemtheorie. In diesem Band arbeiten Habermas und Luhmann die Unterschiede ihrer beiden Theorien heraus: 1. Habermas sieht die Einheit von Individuen und Gesellschaft. Das Soziale ist für ihn die Kombinatorik individueller Handlungen. Luhmann sieht die Gesellschaft und die Individuen in Systeme diversifiziert. Gesellschaft ist Kommunikation, die auch weiterlaufe, wenn Individuen sich gerade nicht daran beteiligen. 2. Habermas sieht das Handlungsziel im Konsens, Luhmann vermutet den bleibenden Dissens. 3. Bei Habermas ist die diskursive Normativität die Basis seiner Gesellschaftstheorie, Luhmann nimmt die Funktion der Moral soziologisch in den Blick und vertritt einen deskriptiven moralischen Realismus.

HONNETH, AXEL: Die soziale Dynamik von Mißachtung. Zur Ortsbestimmung einer kritischen Gesellschaftstheorie, in: Leviathan, 22. Jg. (1994), S. 78-93.
Dieser Aufsatz stellt präzis die Entwicklung der Sozialphilosophie der Kritischen Theorie von Horkheimer und Adorno über Habermas zu Honneth dar.

JENSEN, STEFAN: Talcott Parsons. Eine Einführung, Stuttgart 1980 (Teubner Verlag)
Talcott Parsons hat der Nachwelt sein Werk als eine gigantische Ruine genialer Geistesproduktion hinterlassen, in der man sich wie in einem Labyrinth verirren und stecken bleiben kann. Jensen will den

Ariadnefaden legen, und das ist ihm mit diesem Buch überzeugend gelungen. Er macht das geschickt, indem er chronologisch vorgeht und die ersten Schriften interpretiert, die von Parsons selbst geäußerten Unzufriedenheiten daran belegt und an ihnen die gedankliche Weiterentwicklung Parsons' dartut und so zur Darstellung der nächsten Schriften kommt. Wer sich mit Parsons beschäftigen will, sollte Jensens Buch unbedingt lesen.

Zeitschriften, Gesellschaften, Internetadressen

Als Zeitschrift für das Spezialgebiet Sozialphilosophie ist das *Archiv für Rechts- und Sozialphilosophie* zu nennen, das auch unter folgender Internetadresse zu erreichen ist: http://www.steiner-verlag.de /ARSP/ Es sind allerdings hauptsächlich Artikel und Besprechungen aus dem Bereich der Rechtsphilosophie zu finden. Herausgeber ist die Internationale Vereinigung für Rechts- und Sozialphilosophie (IVR), deren deutsche Sektion unter der Adresse http://www.rechtsphilosophie.de/ivrdeutschland.html zu erreichen ist. Dort findet man weitere Links zu Internetseiten mit sozialphilosophischen Inhalten. Dem Vorstand der deutschen Sektion der Vereinigung gehören so namhafte Rechts- oder Sozialphilosophen an wie Robert Alexy, Winfried Brugger, Klaus Günther und Werner Krawitz. Laut Satzung ist der »Zweck der Vereinigung die Pflege und Förderung von Wissenschaft und Forschung im Bereich der Rechts- und Sozialphilosophie auf nationaler und internationaler Ebene«.

Eine weitere Zeitschrift zur Sozialphilosophie, allerdings speziell zur Kritischen Theorie der Frankfurter Schule, ist die *Zeitschrift für kritische Theorie*, die von Gerhard Schweppenhäuser beim Lüneburger Zu Klampen Verlag herausgegeben wird. Informationen sind über die Webseite des Verlages zu bekommen: http://www.zuklampen.de

Unter der Internet-Adresse: http://sammelpunkt.philo.at:8080/ findet man unter dem Link »Themen« und dort unter dem Begriff »Sozialphilosophie« Aufsätze zum Thema. Die Seite wird ständig erweitert.

Schlüsselbegriffe

Deskriptiv/Normativ Deskriptiv nennt man rein beschreibende Gesellschaftsanalysen, wie die luhmannsche Systemtheorie oder die marxsche Kapitalanalyse. (Vgl. S. 11) Normative Gesellschaftsanalysen verfolgen das Ziel, den Weg der Entwicklung zu einer gerechteren Gesellschaft aufzuzeigen, so wie Habermas es tut. (Vgl. S. 54 und 71)

Durchgriffskausalität In den Naturwissenschaften gehen wir von einer Wenn-dann-Beziehung aus: Es gibt eine kausal-notwendige Ursache, die den ganzen Prozess vom Anfang bis zum Ende ihrer Wirkung steuert. Das ist im Sozialen nicht möglich. Menschen können immer von ihrem ursprünglichen Handlungsplan abweichen.

Erklären/Verstehen/Natur- und Sozialwissenschaften Droysen war der erste Wissenschaftler, der die terminologische Unterscheidung von Erklären und Verstehen traf. Er unterschied zwischen der physikalischen Wissenschaft, die erklärend verfährt, und der historischen, die verstehend vorgeht. Ein bestimmter Erfahrungsbereich findet seine Erklärung durch eine wissenschaftliche Theorie. Mit der Gravitationstheorie kann man beispielsweise so unterschiedliche Phänomene wie die Planetenbewegung, Ebbe und Flut oder das Fallen von Gegenständen erklären. Anders in den Sozialwissenschaften, in denen der Sinn von Handlungen identifiziert werden soll: Erst auf der Basis des eigenen Sinnhorizonts des Sozialwissenschaftlers lässt sich der Sinn der Handlungen der beobachteten Personen verstehen. Der hermeneutisch Verstehende ist sich dessen bewusst, dass er nur auf der Basis des eigenen Sinns andere verstehen kann, dass es also im Sozialen keine objektive Erkenntnis gibt. Zum Zusammenwirken von Natur- und Geisteswissenschaften mittels der Erklärens- und Verstehensmethode siehe das lange Zitat von Karl-Otto Apel auf Seite 35.

Evolution Siehe »Entwicklungsgesetz der Gesellschaft/Fortschritt/Dreistadiengesetz«

Entwicklungsgesetz der Gesellschaft/Fortschritt/Dreistadiengesetz Comte sah einen unaufhaltsamen, unbeeinflussbaren und irreversiblen Fortschritt in der Gesellschaftsentwicklung. Dieser vollzog sich nach seiner Ansicht in den evolutionären Schritten seines Dreistadiengesetzes. (Vgl. S. 14) Aber auch Spencer (S. 23), Dilthey bzw. Apel (S. 34f.), Habermas (S. 73) und Luhmann (S. 77) sehen evolutionäre gesellschaftliche Entwicklungsstadien oder -phasen. Comtes und Spencers Interesse war es, auf der Basis von allgemeinen Gesetzen auf zukünftige Entwicklungen schließen zu können.

Funktion Seit Cassirer fragt man bei einem sozialen Sachverhalt nicht mehr nach seinem Wesen, sondern nach seiner Funktion: Man fragt beispielsweise nicht, was das Wesen der Wirtschaft sei, sondern welche Funktion sie in der Gesamtgesellschaft habe. Funktionen sind ein Erkenntnismittel in den Sozialwissenschaften, und man muss der Gefahr entgehen, sie zu ontologisieren. (Vgl. S. 30)

Handlungs- und Systemtheorie Vertreter der Handlungstheorie gehen davon aus, dass Gesellschaft eine Kombinatorik menschlicher Handlungen ist. Hingegen ist der Systemtheoretiker Luhmann der Auffassung, dass handelnde Menschen unfähig seien, die gesellschaftliche Komplexität zu erfassen, um sie zielgerichtet dirigieren zu können. Luhmann gewinnt die Einsicht, dass es Gesetzmäßigkeiten geben müsse, auf deren Basis sich soziale Probleme immer wieder von selbst und ohne menschlichen Eingriff lösen. Er geht von der Eigenständigkeit des Sozialen aus. Siehe auch in der kommentierten Bibliographie die Kommentierung zu dem Band »Habermas, Jürgen / Luhmann, Niklas: Theorie der Gesellschaft oder Sozialtechnologie – Was leistet die Systemforschung?« Christian Meier versucht, beide Sichtweisen zu verbinden. (Vgl. S. 134 ff.)

Hermeneutik Siehe: Erklären/Verstehen/Natur- und Sozialwissenschaften

Kritische Theorie Sie unterscheidet sich durch ihr Interesse an Emanzipation von anderen soziologischen Theorien. Ausgangspunkte einer Gesellschaftsanalyse sind für die Kritische Theorie Sozialpathologien (siehe dort), die als soziales Problem sichtbar gemacht werden und das Interesse an Emanzipation tragen. (Vgl. S. 52 f.)

Moral Moral hat für Durkheim die Funktion, aus einem Individuum einen integralen Bestandteil der Gesellschaft zu machen (vgl. S. 112), für Parsons ist das Soziale die moralisch-normative Regelung interpersonaler Beziehungen (S. 115), und für Luhmann ist Soziales nur möglich, wenn Menschen durch das Einhalten moralischer Regeln ihre Freiheitsspielräume einschränken, so dass Interaktion reibungslos gelingen kann.

Positivismus/Monismus Die comtesche Theorie in ihrer Orientierung an den Naturwissenschaften nannte man Positivismus oder Monismus, weil sie als Einheitswissenschaft, die keinen Unterschied zwischen Natur- und Sozialwissenschaften machte, angesehen wurde.

Sozialpathologien Sozialpathologien wie Entzweiung, Verdinglichung, Entfremdung, Nihilismus, Gemeinschaftsverlust, Entzauberung, Entpersönlichung, Vermarktung oder kollektive Neurosen, sind der Anlass für sozialphilosophische Gesellschaftsanalysen und -beschreibungen. (Vgl. S. 48)

Tranzendentalpragmatik Karl-Otto Apel ist der Erfinder dieses Begriffs. An die Stelle des kantischen Transzendentalsubjekts setzt er die Gemeinschaft der Kommunizierenden, die einer moralischen Regel folgen: »Wechselseitige Anerkennung aller Mitglieder als gleichberechtigte Diskussionspartner.« Jede Argumentationsgemeinschaft hat demnach zwei moralische Regeln zu ihrer Grundlage: erstens die wechselseitige Anerkennung aller und zweitens das Ernstnehmen des Gegenübers. Die Gemeinschaft der Kommunizierenden bildet für Apel den grundlegenden Bezugspunkt aller Philosophie. Er holt damit das kantische Transzendentalsubjekt auf die Erde und will so den kantischen Solipsismus des »einsamen Denkers« überwinden. Man spricht auch von einer pragmatischen und linguistischen Wende.

Zeittafel

1588–1679	Thomas Hobbes
1651	*Leviathan*
1632–1704	John Locke
1689	*The Second Treatise of Government*, deutsch: *Über die Regierung*
1712–1778	Jean-Jacques Rousseau
1755	*Discours sur l'Economie politique*, deutsch: *Politische Ökonomie*
1762	*Contrat social*, deutsch: Der Gesellschaftsvertrag oder die Grundsätze des Staatsrechtes
1724–1804	Immanuel Kant
1781	*Kritik der reinen Vernunft*
1788	*Kritik der praktischen Vernunft*
1793	*Über den Gemeinspruch: Das mag in der Theorie richtig sein, taugt aber nicht für die Praxis*
1795	*Zum ewigen Frieden*
1797	*Die Metaphysik der Sitten* (Rechtslehre)
1798–1857	Auguste Comte
1851–1854	*Système de politique positive*, 4 Bände, deutsch: Soziologie
1818–1883	Karl Marx
1848	*Manifest der Kommunistischen Partei* (zusammen mit Friedrich Engels)
1859	*Zur Kritik der politischen Ökonomie*
1867	*Das Kapital*, Band 1
1871	*Der Bürgerkrieg in Frankreich*
1820–1903	Herbert Spencer
1876–1896	*The Principles of Sociology*, 3 Bände, deutsch: *Die Prinzipien der Soziologie*

1833–1911	Wilhelm Dilthey
1910	*Der Aufbau der geschichtlichen Welt in den Geisteswissenschaften*
1858–1917	Émile Durkheim
1930	*De la division du travail social*, deutsch: *Über die soziale Arbeitsteilung. Studie über die Organisation höherer Gesellschaften*
1864–1920	Max Weber
1920	*Die protestantische Ethik I*
1922	*Wirtschaft und Gesellschaft*
1922	*Gesammelte Aufsätze zur Wissenschaftslehre*
1874–1945	Ernst Cassirer
1910	*Substanzbegriff und Funktionsbegriff. Untersuchungen über die Grundfragen der Erkenntniskritik*
1902–1979	Talcott Parsons
1937	*The Structure of Social Action. A Study in Social Theory with Special Reference to a Group of Recent European Writers*
1951	*The Social System*
1973	*The American University* (zusammen mit Gerald M. Platt)
1976	*Zur Theorie sozialer Systeme*, herausgegeben und eingeleitet von Stefan Jensen
1916–2003	Georg Henrik von Wright
1971	*Explanation and Understanding*, deutsch: *Erklären und Verstehen*
1922	Karl-Otto Apel geboren
1973	*Transformation der Philosophie*, 2 Bände
1979	*Die Erklären:Verstehen-Kontroverse in transzendentalpragmatischer Sicht*
1985	*Diltheys Unterscheidung von »Erklären« und »Verstehen« im Lichte der Problematik der modernen Wissenschaftstheorie*

1927–1997	Niklas Luhmann
1968	*Zweckbegriff und Systemrationalität. Über die Funktion von Zwecken in sozialen Systemen*
1970–1995	*Soziologische Aufklärung*, 6 Bände
1971	*Theorie der Gesellschaft oder Sozialtechnologie - Was leistet die Systemforschung?* (zusammen mit Jürgen Habermas)
1980–1995	*Gesellschaftsstruktur und Semantik. Studien zur Wissenssoziologie der modernen Gesellschaft*, 4 Bände
1981	*Politische Theorie im Wohlfahrtsstaat*
2002	*Theorie der Gesellschaft*, 9 Bände

1929	Jürgen Habermas geboren
1970	*Zur Logik der Sozialwissenschaften*
1971	*Theorie der Gesellschaft oder Sozialtechnologie - Was leistet die Systemforschung?* (zusammen mit Niklas Luhmann)
1976	*Zur Rekonstruktion des Historischen Materialismus*
1981	*Theorie des kommunikativen Handelns*, 2 Bände
1981–2001	*Kleine politische Schriften I–IX*
1985	*Der philosophische Diskurs der Moderne*

Grundwissen Philosophie

Grundwissen Philosophie führt zugleich anspruchsvoll und dennoch verständlich in die zentralen Fragestellungen der Philosophie ein. Unterstützt von einem renommierten wissenschaftlichen Beirat vermitteln unsere Autoren gleichermaßen dem philosophisch interessierten allgemeinen Publikum sowie dem Fachpublikum (Schüler, Lehrer, Studenten) fundierte Kenntnisse. In der Reihe erscheinen alle bedeutenden Personen und Sachthemen, die vermittelt oder unmittelbar im Kontext aktueller gesellschaftlicher Fragestellungen eine Rolle spielen. Jeder Band enthält:

Kernthesen
Mit einer problemorientierten Hinführung wird dem Leser Basiswissen für eine weiterführende kritische Auseinandersetzung mit dem jeweiligen Autor / Thema vermittelt.

Schlüsselbegriffe
Zentrale Termini werden noch einmal gesondert dargestellt, um einen schnellen und unkomplizierten Überblick zu ermöglichen.

Zeittafel
Wichtige Lebensdaten und Werke sind hier schnell aufzufinden.

Kommentierte Bibliographie
Weiterführende Literatur wird im Anhang fundiert kommentiert, um dem Leser Orientierung bei der oftmals unübersichtlichen Vielzahl der Literatur zu bieten.

… reihenweise Wissen

Heiner Hastedt: Sartre
140 Seiten, RBL 20120
€ [D] 9,90 / € [A] 10,20 / sFr 18,10
ISBN 3-379-20120-0

Jean-Paul Sartre, der so bewunderte wie geschmähte Begründer des französischen Existentialismus, der Schriftsteller und streitbare Intellektuelle, wäre am 21. Juni 2005 hundert Jahre alt geworden.

Herbert Schnädelbach: Kant
160 Seiten, RBL 20124
€ [D] 9,90 / € [A] 10,20 / sFr 18,10
ISBN 3-379-20124-3

Kant ist nicht nur der wirkungsmächtigste Philosoph des ausgehenden 18. Jahrhunderts, sondern darüber hinaus der philosophische Klassiker unserer Epoche – der klassische Philosoph der Moderne.

Udo Tietz: Heidegger
168 Seiten, RBL 20117
€ [D] 9,90 / € [A] 10,20 / sFr 18,10
ISBN 3-379-20117-0

Einflussreich, vieldiskutiert und heftig umstritten – der Philosoph, der das Sein wieder ins Zentrum des Denkens rückte.

Dirk Baecker: Kommunikation
120 Seiten, RBL 20119
€ [D] 9,90 / € [A] 10,20 / sFr 18,10
ISBN 3-379-20119-7

Wie ist Kommunikation möglich, wenn die Gedanken eines jeden Menschen in seiner Brust verschlossen sind, fragt die europäische Philosophie seit John Locke. Nur deswegen, weil das so ist, ist Kommunikation möglich, antwortet die moderne Soziologie.

Reinhard Mehring: Politische Philosophie
139 Seiten, RBL 20121
€ [D] 9,90 / € [A] 10,20 / sFr 18,10
ISBN 3-379-20121-9

Reinhard Mehring erläutert den systematischen Ansatz Politischer Philosophie, geht ihren literarischen Traditionen nach und beschäftigt sich mit ihren aktuellen Aufgaben.